賢い事業資金の集め方 使い方 貯め方

経営を安定させ、成長させるために！

税理士
佐藤充宏 著

みらい PUBLISHING

●プロローグ

事業活動は事業資金があるからこそ継続できる

私は、東京都内で税理士事務所とファイナンスのコンサルティング会社を経営し、日々、中小企業経営者とお会いしています。経営者の年代も幅広く、また、業種も様々で、お会いした際には、経営上の数値に関する話や税金のアドバイスに関する話はもちろんしますが、経営者が一番気にかけている話は、事業資金に関することです。

自らの夢や目標を掲げて事業を興した経営者の方は、その夢や目標を叶えるために多くの課題に立ち向かい、そして、その課題を乗り越えてきました。

そして、さらに事業を拡大したい、売上げを増やしたいといったことを考えますが、その際に「事業資金を会社に残して経営を安定させて、更に事業資金を増やして、会社そして従業員の収入を増やしたい」という声を聞きます。

会社には、多くの関係者がいます。株主・経営者を初めとした役員・従業員とその家族、取引先、債権者などです。関係者は色々な形で会社に関わっていますが、その関わりにあたり、事業資金が次のように密接につながっています。

・事業を始める場合には出資という形で事業資金が株主から会社に拠出されます。
・材料を仕入れた際には、仕入先へ仕入代金を支払い、商品を販売した際には、顧客から売上代金が入金になります。
・給与を支払う際には、そのお金が役員や従業員に支払われます。
・事業資金を更に必要とする場合には、金融機関等から借入れをし、定期的に借入金の元金や利息が支払われます。

色々なシチュエーションで、会社は関係者と事業資金のやり取りをしています。このように、事業資金があるからこそ、事業活動を継続できるのです。ところで、この事業資金ですが、通常の生活では「お金」という言葉で使われますが、この「お金」には次の三つの役割があります。

・信用を数値化したもの。
・価値を表現したもの。
・お金を使う人のメッセージを届けるもの。

この三つの役割を理解していると、お金と上手に付き合うことができ、事業活動だけでなく、プライベートも充実したものにすることができます。この三つの役割がどのようなものなのかをお知らせします。

・一つ目の役割は、信用を数値化したもの

例えば金融機関から融資を受ける場合には、今までの返済実績があり、会社の財務・経営状況が良ければ、金利を低くするといった返済条件を有利にすることできます。金融機関では、最初に融資を実行する際には、事業計画書等の借入時の申込書類を精査し、経営者から厳格にヒアリングをすることで、きちんと返済をしてくれるのかを見極めます。これは、金融機関は、預金者が預け入れてくれる預金を元手に借入申込者に対してお金を貸すので、もし返済が実行されなければ、大変なことになってしまいます。

そして、返済が滞りなく実行されれば、その会社には返済実績が付き、次回から融資を実行する際には、最初の融資とは金融機関の見る目は異なります。いわゆる「信用が付いた」ということです。

また、1万円札は1枚数10円という印刷コストしかかかっていませんが、お金をやり取りする場合には、1万円札には1万円分の価値があるものとして循環します。

これは、世界的に見ると、経済が安定している日本という国が、この原価数十円の紙を1万円で設定しているから成立しているのであり、そこには、日本という国の信用があるからこそといえます。

これが、経済的に不安定な国であれば、1万円の商品を買う際に1万円札を1枚出しても買えず、場合によっては、10枚出さないと買えません。このように、お金は、信用というものを数値化した役割があります。

・二つ目の役割は、価値を表現したもの

事業をしている場合には、モノやサービスの価値を提供した対価としてお金を得ています。お金を使わずに、現金や預金として大切に会社の手元に保管している時に、そのお金の価値を測定すると、どのようになるでしょうか。

預金口座に1000万円あったとしても、通帳に印字された1000万円からお金の価値は1000万円というように判断することはできますが、毎日通帳の口座残高を見てその価値を実感するのが事業として果たして適切なのかという考えも一方ではあります。

「お金は天下の回りもの」とも言われ、また、お金は事業活動を行うにあたって、会社の血液にも例えられます。お金が一か所に留まっていると、血液の流れが悪くなり、不健康になります。そのため、血流をよくするには、適切な量の血液を循環させなければなりません。もちろん、必要なお金のストックは残さなければなりませんが、お金は使うからこそ入ってくるのです。

パンの製造販売メーカーであれば、パンを作るにはパンを焼く機械が必要で、そのパンを作る従業員も必要です。すると、機械を購入する費用や給料を支払うお金を使わなければなりません。このお金を使って機械を購入し、従業員に給料が支払われてパンが製造販売され、その売上代金が会社に入ってくるのです。文字通り「お金が回っている」のです。このように、お金を使うことでそのお金の価値を活かし、その価値を顕在化することができる役割があるのです。

・三つ目の役割は、使う人のメッセージを届けるもの

お金が手元にあると、そのお金に対して、人は様々な感情を抱きますが、そのお金には、渡した相手のメッセージが込められています。すると、お金を頂く側は、満足感や感謝などのメッセージをもらうこととなり、さらに、そのお金を支払う時には、自分のメッセージを込めるのです。

そして、想いが伝わらないお金のやり取りで、当事者間でメッセージを共有しないのであれば、そこから更なる広がりを見せることは難しいです。

また、SNS（ソーシャル・ネットワーキング・サービス）が広がっている現代では、今まで以上にメッセージを共有して事業を拡大させる傾向が強くなっているので、お金にメッセージを乗せることが大切になります。このようにお金には、お金を使う人のメッセージを届ける役割があるのです。

これらのことから、信用の裏付けのある価値化してメッセージが込められたお金は、今までの事業活動の成果物であり、その日々の積み重ねでの結果としてお金が手元に残り、そして、使うことで循環するのです。

お金に想いを込めればいつか戻ってくる

一方、お金に対してどのように向き合うのか、お金をどのように活かすのかで、経営者の人格が出ます。お金と上手に付き合う人はお金に好かれ、お金が集まってきます。

お金自体には感情がないと考えられていますが、実際に経営者の方と接すると、お金に好かれる方がいらっしゃいます。その方には、いくつもの特徴がありますが、「誠実である」「活きたことにお金を使う」「お金との適切な距離感を保つ」という三つがあります。

まず、「誠実である」というのは分かりやすいですが、顧客が満足してくれる商品やサービスを追求し、従業員や取引先・家族を大切にして、事業の成長・発展に「まっとうに」邁進できるのであれば、お金も寄り添ってくれます。

次に、「活きたことにお金を使う」というのは、実は難しいです。お金の使い方には、貯蓄・浪費・消費・投資といったパターンがあります。

貯蓄は、お金を使わずに手元にストックしておくイメージです。事業資金を預金口座や現金として手元に置いておくことが例として挙げられます。

浪費は、無駄な出費です。業務上何も使わない備品を買ったりするケースです。

消費は、日々必要なものの出費をイメージして頂ければよいです。毎月の家賃の支払いや光熱費・通信費などの支払いです。

そして、投資は、将来のリターンを得るために今必要なことにお金を使うもので、設備投資がイメージしやすいと思います。

そこで、活きたお金の使い方というのは、必要最低限のお金は貯蓄をしておき、浪費にお金を使うことがなく、通常必要な消費は最低限に抑え、将来リターンを得るための投資にバランスよくお金を使うのです。つまり、お金に優先順位を付けて、必要なものにお金を使って、またお金に戻ってきてもらうのです。お金にその想いを込めれば、お金もその想いに応えて、いつか戻ってきてくれます。浪費であれば、お金に想いを込めていないので、そのお金が戻ってくることはありません。

最後に、「お金との適切な距離感を保つ」ということですが、お金を大切にし過ぎると、ついつい手元にずっと置いておきたくなります。お金が減ると不安が募りますが、活きたお金を使うことで、そのお金はまた戻ってくるのです。その反対に、お金を大切にしないと、散財をして浪費してしまい、お金も残らず、そして、使ったお金が戻ってくることはありません。

このように、お金に好かれる経営者の特徴として、「誠実である」、「活きたことにお金を使う」、「お金との適切な距離感を保つ」を挙げましたが、その前に、お金の役割として、「信用を数値化したもの」「価値を表現したもの」「お金を使う人のメッセージを届けるもの」についても挙げました。
つまり、経営者は、お金の役割を知り、そして、お金に好かれることができれば素晴らしいのですが、実際には難しいです。

そこで、本書では、私が今まで多くの経営者の方とお会いしてきたことから学び、気づいたことを、経営者の方向けに、事業を行う場合のお金である「事業資金」についてお伝えします。私も経営者としての顔があり、素晴らしいクライアントがいらっしゃり、また、優秀なスタッフがいるからこそ、こうして仕事をすることができ、弊社も成長することができておりますので、その恩返しの意味も込めて筆を取りました。
「お金」を知り、「事業資金」を活用することが会社の成長・発展と従業員の幸せ、取引先の幸せ、経営者や家族の幸せつながります。

本書を手に取って頂き、一人でも多くの方が幸せとなってくれることを心より願っております。

佐藤充宏

目次

第2章 事業資金を集めるには、どのようにしたらよいのか 45

第3章 事業資金はどのように使ったらよいのか 73

第4章 金融機関とうまく付き合うには 105

第5章

税金を知ることで、効率的な事業資金の使い方が分かる

第6章 豊かさの実感は、事業資金のストレス解放から！ 173

第1章

事業資金はどれくらい手元にあればよいのか

事業資金があるからこそ、事業を継続して成長・発展することができる

事業資金があるとはどういうことか

・材料を仕入れることができる。
・生産設備を購入できれば、商品を世に送り出すことができる。
・従業員に給料を支払うことができる。
・家賃を支払えば、テナントとして事務所や店舗を借りることができる。
・光熱費を支払えば、電気やガス・水道を使うことができる。
・通信費を支払えば、携帯電話やスマートフォンが使えて、インターネット回線も利用できる。

事業資金があれば、事業活動を進めることができます。しかし、事業資金がなかったらどうなるでしょうか。

・材料を仕入れることができなければ、顧客に商品やサービスを提供できないため、売上げを上げることができない。
・生産設備を購入しなければ、商品を生産できない。
・従業員に給料を支払わなければ、働いてもらうことができず、人材を確保できない。
・家賃を支払わなければ、事務所や店舗を借りることができない。
・光熱費を支払わなければ、電気やガス・水道を利用できない。
・通信費を支払わなければ、携帯電話やスマートフォン・インターネット回線が利用できない。

いつも日常で行っている業務ができないことになり、このような状態が続けば、事業を継続することはできません。

会社に行って、パソコンを使って電話をし、顧客に商品やサービスを販売できるということは、事業資金があるからこそできるのです。

このように、日々当たり前のことができるということには、事業資金があるからこそ成立しているという面があるのです。

そのため、事業を行っている場合には、事業資金が枯渇することのないよう、日々の資金繰りをチェックして事業資金が足りなくなる日がないようにするだけでなく、将来の資金計画の精度を上げていかなければなりません。

●黒字なのになぜ倒産？

ところで、利益が出ているといっても、事業が継続できなくなって倒産することがあるのをご存知でしょうか。これは、いわゆる「黒字倒産」といわれるものです。なぜ、この黒字倒産が起こるのかというと、お金が入ってくるタイミングと出ていくタイミングの、入金サイトと支払サイトの日程設定に問題があるというのが要因の一つです。

この「サイト」と呼ばれるのは、入出金代金の決済時の「何日締め何日払い」をイメージしてもらえればよいです。

業態によっては、毎月商品やサービスの提供をする顧客が存在しますが、その顧客に対しては、請求の締日と、その締日に応じた支払日を設定することになります。

例えば、顧客が「弊社は、月末締めの翌々日15日払いが支払条件になります」と提案した場合には、10月10日に商品を販売すると、10月1日から10月31日までの期間に対応した締めの請求にこの売上分が計上されて、この請求書を顧客に渡すと、顧客が12月15日までにこの商品代金を支払うというものです。

コンビニエンスストアで不特定多数の顧客が買い物代金を支払う場合には、その場で支払いを済ませますが、このように、定常的に取引きを特定の会社とする場合には、その都度取引代金を決済するのではなく、1ヶ月毎等の一定期間に発生した取引代金を所定の期日までに支払うといったことがあります。

このような取引きの場合だと、売り上げた会社側では、商品やサービスの販売時点と入金時点でタイムラグが生じます。つまり、売り上げたその日に事業資金が入ってこないのです。

数値例を取り上げて説明すると、A社が、10月10日にB社に対して1000万円の商品を売り上げましたが、その売上代金は月末締めの翌々日15日払のサイトで条件設定をしたのであれば、入金の請求締日が10月31日となり、12月15日に1000万円が入金になります。しかし、この商品の材料を10月3日に仕入れて、この支払代金600万円に関しては、月末締めの翌月末日に支払う条件だとすると、支払いの請求締日が10月31日となり、11月30日に600万円を支払うことになります。

この例の場合、売上代金は1000万円で仕入代金が600万円であれば、400万円の利益が計上されますが、一方でお金の動きはどうなるでしょうか。

12月15日に1000万円は入金となりますが、それより前の11月30日に600万円を支払わなければなりません。

つまり、まだ売上代金が入金されない状態で、もし、この仕入代金600万円が事業資金として手元になければどうなってしまうでしょうか。このようなケースでは、利益が出ていても、お金が循環しないことになってしまいます。

そこで、このようなケースに陥ることがないように、単純に利益を確保すればよいのではなく、次のように、事業資金が循環する入金サイトと支払サイトを構築しなければなりません。

● **入金サイトと支払サイトの構築**

1、事業資金が出ていくタイミングを把握し、できる限り支払サイトは日程に余裕を持たせる。

※支払いについては、次のような取引きに応じて、事業資金が出ていくもの全てのタイミングを把握しましょう。

・毎月決まった日に毎月同額が自動的に預金口座から引き落とされるもの。（家賃・リース料など）
・毎月同額ではないが、毎月決まった日に自動的に預金口座から引き落とされるもの（光熱費・通信費など）
・自動的に預金口座から引き落とされるものではなく、毎月決まった日までに、相手先の口座に振り込むもの（給与・仕入代金など）
・その他、支払内容によって随時支払いが必要なもの（消耗品・交際費など）

2、事業資金が入ってくるタイミングを把握し、できる限り、入金サイトは早めに設定する。
※取引きの都度支払われるものと、締日が設けられているもの等を相手先・取引内容等に応じて把握し、誤り・漏れの無いようにしましょう。

3、金融機関の休業日に注意する。
入出金の決済予定日が金融機関休業日の場合には、注意が必要です。例えば、この金融機関の休業日により、支払いが金融機関休業日の直近営業日に行われ、入金が金融機関休業日の翌営業日になる場合には、出金が先で、入金が後になり、資金繰りが厳しくなる場合があります。

そこで、金融機関休業日の直近営業日を決済日とするのか、金融機関休業日の翌営業日を決済日とするのかは、最初に取引条件を決める際に確認するようにしましょう。なお、カレンダー上留意した方がよい日は、通常の祝祭日・ゴールデンウィーク・年末年始・その年のみ設けられた祝祭日などです。

これらのことを留意しないで、事業資金を支払うことができなくなって、もし黒字倒産してしまうと、支払先はもちろん、今までの顧客、そして、従業員や家族に多大な迷惑をかけることになってしまいます。

このように、事業資金があるからこそ、事業が継続し、会社が成長・発展することができるのです。

事業資金が手元にあると、ストレスは軽減され、本業に集中できる！

●経営者の意思決定が事業成否の鍵

経営者は一人しかいません。会社という組織の中で、一人一人に役割が与えられ、全員がその役割を全うすることで事業が前に進みますが、事業の最終責任を負っているのは、まぎれもなく経営者自身です。経営者の意思決定のスピードと正確性、そして、推進力が事業の成否の鍵を握りますが、その経営者は一つの会社で1人だけです。この事業の成長スピードを加速させるためには、その経営者自身が会社に使えるリソースをフル稼働させなければなりません。

しかし、経営者としてやるべきことはたくさんあります。従業員の採用や労務管理、マーケティング、商品開発、営業、資金計画などです。経営者が自ら動かず、従業員や外部業者がこれらの業務を担当しているとしても、最終的な決裁・承認をしなければならならず、目を行き届かせて指示をしなければならないというように、関わる度合いを完全にゼロにすることは、中小企業の経営者には難しいです。しかも、ここ数年は、優秀な人材を確保するのが難しく、人手不足を業務の効率化やＡＩを活用した自動化等で補うようにしていますが、それでもリソースが足りなければ、経営者自らがそのリソースを補うことも多いです。

そして、そのような中でも、経営者は事業活動を継続して利益を出し、その利益をもとにして、さらに事業が成長・発展するように尽力しなければなりません。そのような課題がいくつもある中で、事業資金に関する悩みがある場合には、どうなるでしょうか。

忙しい業務の合間に事業資金確保の対応をしていると、その分だけ、売上げを確保し、新規商品・新規サービスの開発、新規取引先の開拓に目が行き届く時間がなくなります。本来だったら、新規事業や新製品のアイデアが浮かぶはずが、思考の一部が資金繰りで占められてしまい、本来の力を発揮できなくなります。

加えて、1日は24時間しかありません。その24時間のうちの起きて活動している時間帯で、100％経営者の能力をフルに発揮し続けるのは至難の業であり、どうしても能力がフルに発揮できる時間帯と発揮できない時間帯が存在してしまいます。そして、資金繰りの不安は、経営者のストレスにつながり、軽度なストレスであればよいのですが、重く、そして、長く続くストレスになりがちです。

●経営者の健康が会社の信用を左右する！

経営者にとってのリスクの一つは、「健康管理」です。経営者が能力を発揮するには、健康であり、適度なストレスが業務上に存在する状態であればよいのですが、経営者の体調が不良で、負荷が重いストレスがあるなら、経営者の能力がフルに発揮できる時間が少なくなり、悪循環が広がってしまいます。

健康でいるということは、一日を有意義に使うことができるのです。目覚めもよく、会社に出社してからエネルギッシュに行動していられるのです。また、健康で行動できるということは、一つ一つの行動に「キレ」があり、決断が明快で早く正確に下すことができる確率が高く、そのサイクルが継続することから、経営者の健康な日常生活が業務にも反映され、ひいては事業が成長するのです。従業員ももちろんですが、経営者がなすべきは、少しでも万全な体調で業務に臨むことなのです。

もし、資金繰りの不安からくるストレスで、経営者が体調を崩したらどうなるのでしょうか。例えば、1週間入院になったとします。経営者が不在の元で従業員が奮闘して劇的な成長を遂げるということもありますが、経営者が不在だと、意思決定機能がストップ又はスピードが遅くなり、売上げの減少や業務も停滞して、会社全体の士気が低下する場合があります。そして、外部取引先から見ると、「あの会社は社長が入院して不在だが、取引きをこのまま続けても今までどおり商品やサービスを提供してくれるのだろうか」という目で見られるかもしれません。外部取引先は、自社の製品やサービスへの満足度が高いからこそ取引きを継続してくれているといっても、その満足度が低くなる要因が発生してきた場合には、同じ商品やサービスを提供してくれる競合他社へ目が移ってしまうかもしれません。このように、経営者がいなくても業務が回る仕組みは構築しなければなりませんが、経営者の健康に不安があるというのは、会社内部だけでなく、会社外部にとっても不安要素となります。

また、元気があり、明朗快活な経営者と、元気がなく不安で自信がない経営者とでは、取引先はどちらの会社と取引きをしたいと思うでしょうか。同じ商品やサービスであれば、取引先は、経営者の人格も見ながら会社の優劣を比較して、商品やサービスの購入先を決めるのです。

取引先としては、商品やサービスの質が同一で、価格も同じであれば、その商品やサービスの付加価値でどれだけ差があるのかを見ます。

その一つが会社のブランドであり、そのブランドは経営者の人格からも構成されているのです。ブランドといっても、上場企業や有名ブランドだけにブランドがあるのではなく、全ての会社にそれぞれブランドがあり、経営者の元気度や明るさ、自信といったパーソナリティーは、業績アップにもつながり、そして、お金が集まってくる流れができ上がるのです。

●事業資金も居心地のよい行き先を考えている！

このように、事業資金は、明るく、元気でエネルギーに溢れた会社に集まるようになっています。もちろん、事業資金自身には人格はありませんが、事業資金もどの会社にいたら居心地がよいのかを考えながら、行先を考えています。どうせ行くのであれば、明るく歓迎してくれて、そして、次の行先へは気持ちよく送り出してくれる会社の方がよいに決まっています。そのため、事業資金が集まってくるには、経営者が明るく、元気でいることが大切です。明るく元気でいられるからこそ、意思決定のスピードも速く、説得力もあり、その後の行動もブレないので、そのサイクルが止まることなく回って、事業が前に進んで好循環を生むのです。

これらのように、必要な事業資金が絶えず手元にあるということは、経営者にとっての良薬であり、ストレスを軽減してくれるのです。このストレスを軽減・解消するためにも、必要な事業資金がいつも手元にあるような状態にして経営者自身が安心して、元気で明るく事業に取り組めるようにしましょう。

事業資金は会社のお金で、経営者や従業員のお金ではない！

●浪費に使ってもただ減るだけ！

会社は、出資者から拠出されたお金や、外部から調達した借入金等を活用して事業活動をしています。そして、事業活動から得た売上げが会社の事業資金としてストックされ、その事業資金も合わせた上で、更に事業活動を進めます。

最初の頃は、売上げが毎月安定的に確保できるのか、年間目標売上げを達成できるのか、といった不安や心配がありましたが、経営者や従業員の頑張りのおかげで業績が向上し、利益も確保できるようになると、目に見える形で会社の成長を実感することができるようになります。

これを更なるモチベーションとして、より成長・発展するために邁進すればよいのですが、手元資金が当初と違って潤ってくると、「この事業資金は、自分たちが頑張ったからこそ獲得できたんだ。」といったことや、「自分たちの裁量で会社の事業資金を使っていいんだ」と考えがちです。

もちろん、会社の従業員・経営者の汗と涙の結晶が売上獲得につながったのです。そして、会社は、この事業資金を使って更なる成長を目指す必要があります。

しかし、今まで苦労したあとに、業績が上向いた時などは、心に隙が生まれがちです。「頑張ったご褒美にみんなで高級レストランに行こう」「欲しかった高級車を買おう」「取引先を連れて飲食店をはしごしよう」としたとします。

事業に関連し、今後の売上獲得に貢献し、ネットワークの構築につながるのであればよいのですが、時と場合によっては、やりすぎ、度を越してしまうこともあります。この原因の一つは、会社の事業資金は自分のお金と錯覚してしまうことです。

会社の経費として事業資金を使いますが、その一方では、会社の事業資金が減ったとしても、仕事のために使ったものであって、自分個人のお金が減っていないという感覚があるので、躊躇なく事業資金を使ってしまう傾向があります。

事業資金は、「事業」に使うからこそ活きるのです。「浪費」に使ったとしても、その事業資金はただ減るだけで、会社のこれからの成長に役立つことはありませんので、事業資金がある時には、浪費に事業資金を使わずに、活きたことに事業資金を使うようにしましょう。

そこで、事業資金が増えてきたら、経営者や従業員の意識改革はもちろんですが、次のようなことをしてみてはいかがでしょうか。

●事業資金に色を付ける

手元にある事業資金がいつもより多くあったりすると、ついつい高価な備品を購入したり、接待の回数を増やしたりといったことに使ってしまうことがあります。

そこで、そのようなことにならないように、事業資金に「色」を付けるようにしましょう。

例えば、

・赤色は、必ず支払いに回すものであり、絶対にストックしておく。
・黄色は、今すぐ使うことはないが、一定期間内に使うものとしてストックしておく。
・青色は、取引先の業務縮小や設備の入れ替え、突発的なアクシデントに備えてストックしておく。

といったように、事業資金を色分けするのです。もちろん、本当に事業資金に色を付けることはできませんが、事業資金をその使用目的に応じて分けて、緊急度や重要性の面からグループ分けするのです。

事業資金を一か所にまとめておくと、たくさんあるような感覚になり、少しくらい使っても、そんなに減ったという実感はありません。しかし、その事業資金は、使用目的に応じて、将来的に使われるものなのです。その使用目的に応じてグループ分けをしておかないと、気が付いたら、会社の口座残高があっという間に少なくなっていることもあります。

漠然と手元にある事業資金を総額でとらえてしまうと、あいまいなイメージになってしまい、「少しぐらいなら」という感覚で事業資金を使ってしまうのです。そして、1回事業資金を使うと、「もう少しくらい使っても大丈夫だろう」と考えて、さらに事業資金を使うのです。習慣というのは恐ろしく、一度習慣化したものはなかなか止められず、その習慣が身に付くと、やめたくてもやめるのが難しくなってきます。

活きた事業資金の使い方であれば、その事業資金はリターンとして戻ってきますが、そうでない事業資金の使い方であれば、使った事業資金が戻ってくるということはありません。このようなことが起こらないよう、今手元にある事業資金にどのような色があるのかを分けて考えられるようにしましょう。

●事業資金の利用目的に応じて複数口座を持つ

特定の預金口座に5000万円があったとします。その5000万円のうち、その月に支払いに回す分が1500万円、投資に回す分が1000万円、将来に備えてストックする分が2500万円だとします。

エクセルなどの資金管理データなどで、その5000万円の出金計画を立てることもあると思いますが、一つの口座に5000万円をそのまま入れておくと、複数の計画の合計額が記載され、口座残高を見ただけでは、内訳が分かりづらくなります。

そこで、その使用目的に応じて会社の口座を複数開設するのです。法律上、会社の口座は一つしか持てないとは決まっていません。しかし、一つの口座しか持たない会社は多いですが、会社が成長してくると、取り扱う事業資金も多くなってきます。

そこで、会社が所有する各口座に事業資金を振り分けるのです。例えば、A口座が先程の赤色、B口座が黄色、C口座が青色といったようなものであれば、各々の口座に事業資金を振り分けるのです。よくあるケースとしては、毎月所定の日に、各口座への資金移動をして、移動後は、その各口座での利用目的に応じた資金決済が行われるというものです。

すると、毎月の各口座の通帳の動きを見ると、一貫性があるのが分かります。

毎月決まった日に必要な事業資金が入金になり、そこから、支払いが行われます。そのため、色を付けた口座毎に、どれだけの事業資金が必要になるのかが分かります。その必要な事業資金を毎月確保できる様な業績を上げなければならないということが分かり、また、一年を通じての色付けした事業資金の動きが分かるので、これを参考に今後の資金計画を立てることも可能です。

このように、事業資金に色を付けて、利用目的に応じて複数口座を持って会社の財務状況をみると、きちんと事業資金を使うという気持ちになり、余分な出費が少なくなり、効率的に事業資金を使うことができます。

自分のお金と会社の事業資金の違いを認識し、そして、大切な会社の事業資金を使うのであれば、手元に事業資金が残る仕組みを構築するようにしましょう。

手元資金はどれくらいあればよいのか？

よく、「事業資金はどれくらいあればよいですか？」と質問を受けることがあります。

事業資金は、もちろんできるだけ多くあった方がよいですが、実際にはどれくらいあった方がよいでしょうか。これには、会社の業態や業績によって見方が違ってきますが、利益が確保できている会社を例に説明します。

利益が出ていて、全て現金（キャッシュ）での取引きで、売上代金が入金となってからその金額の範囲内で仕入れや経費などの支払いをしているのであれば、日々の資金繰りは基本的にマイナスにならず、毎月の資金繰りは正常に循環しています。

しかし、事業を行っているのであれば、売上げは季節変動に左右されずに毎月同程度をキープできているとしても、夏冬の賞与支給があり、原材料費の高騰や、場合によっては事業環境の急激な変化が発生するかもしれません。

そのような時に、通常月は手元資金が残って採算が取れていたとしても、季節的な変動や予期せぬ事態があった場合には対応できません。そのため、毎月の売上げである月商でのピーク時の1か月分が手元資金にあるというのは心もとないです。月商1か月分だけだと、あっという間にその分の事業資金が支払いに回って、手元には殆ど残らない状態になるため、月商の3か月分、あるいは6か月分以上を目安として手元資金を残しておく必要があります。

そうすれば、多少の出費が増え、売上げが減少する時があったとしても、当面の間はその事業資金でカバーでき、その間に対策を打つことができます。なお、設備投資など、一時の支出額が過大になる場合には、その投資額に対する事前の資金調達は別途必要です。

●臨時に発生する支払いに備える

ところで、実例として、臨時的な事業資金が必要になるケースとしては、どのようなものがあるのでしょうか。

一つ目は、大口の取引先との取引縮小又は停止です。大口取引先の経営悪化や市場環境の急変等により、突然取引が縮小又は停止することが稀にあります。そのような時には、売上げが激減し、いつもは定期的に入金されていた金額の入金が止まってしまいます。これは、会社にとって大打撃です。実際にそのようなケースが起きなければそれに越したことはありませんが、可能性はゼロではありません。現代は、経済環境はあっという間に変わります。そのような環境下で、明日の売上げ、そして、今後一年間の売上げを100%保証してくれることはありません。それに備えて、新規顧客の開拓や新商品・新サービスの開発、現状の商品やサービスの質を上げて付加価値をアップさせるのに注力するのは当然ですが、合わせて事業資金を手厚くするのも欠かせません。大口の取引先との取引きを維持するのは大切ですが、リスクの一つとしての認識は必要です。

二つ目は、先述した賞与の支払いや採用費用といった、臨時的な人財コストへの出費です。少子高齢化社会に突入し、これからの会社の成長を共に目指してくれる人財は減少傾向にあり、求人広告を何回しても応募がなく、あるいは、応募があったとしても、会社が求めている人財とはマッチしないことがあります。その対策として、ＡＩを活用した人財不足への対応も行われていますが、今も昔も、人が財産であることには変わりありません。雇用している場合はもちろん、アウトソースとしての人財採用や、従業員の採用に関する費用など、人に関わるコストというのは、様々な局面で発生します。人に関わるコストであれば、会社の予算との見合いで事前に資金計画を考えますが、退職者が出た場合で、人員補充のための求人をしなければならない等の事態が発生した場合には、その分の費用を確保できる事業資金の設計が必要です。

三つ目は、税金の納税が発生するケースです。法人であれば、毎年１回確定申告による納税や税金の前払いにあたる中間申告による納税、その他にも、給料等の支給時に徴収される源泉所得税の支払いなどが生じます。基本的に毎年同じタイミングで税金の支払いが発生し、確定申告であれば、法人税や消費税、事業税等の税金が会社の業績や規模等に応じて課税され、中告納税の期限も決まっています。例年以上に毎月利益が出ていたので、その分経費を多く支払ってしまい、結果として納税資金が足りなくなったとしたら大変です。毎年必ず到来するので、忘れずに資金計画に織り込みましょう。

四つ目は、数年に1回又は毎年所定の時期に発生する経費の支払いです。事務所や店舗を賃借している場合には、その賃貸借契約に従って、賃料を毎月支払いますが、契約期間の更新に伴い、更新料を支払う場合があります。また、自動車の保険契約や会費のように、毎年所定の月に支払いが発生するものがあります。これらのような更新料・保険料・会費などのように、支払いが予め予定されているものは、その時だけ発生しますので、その分も考慮に入れましょう。

五つ目は、いつ発生するのかは分かりませんが、期間の経過にともない支払いが発生する可能性が高い費用です。これには、次のようなものがあります。

①走行距離が増すことや乗車年数が経過することで発生する車両の修繕費
②飲食店の場合であれば、数年ごとに生じる厨房設備のメンテナンス
③不動産賃貸業の場合であれば、賃貸物件の経年劣化による共用部設備や建物自体の維持修

繕費
④今では多くの業態で活用されているパソコンや通信設備の使用年数に伴い発生する入れ替え費用
⑤事業規模の拡大や従業員数の増加に伴う、事務所や店舗移転時の引越費用・敷金・保証金・礼金・仲介手数料などの諸費用

なお右記の五つ以外にも、臨時的な発生が見込まれる支出があります。

これらの支出を、過去の支払い実績や会社の所有固定資産の状況等から予測するようにしながらも、不測の事態に備えて、できれば、ピーク時の月商3〜6か月分以上を手元資金として常時残すようにして、それ以上に資金が必要であれば、金融機関からの融資を受けることも検討して、来たるべき時に対応できるようにしましょう。備えあれば憂いなしです。資金繰りの不安を解消するには、手元資金が手厚いのが特効薬の一つです。

事業資金を「見える化」する！

事業資金が、いつ、どのくらい必要なのかが分かると、資金計画が立てやすく、仕事の段取りもスムーズになります。

●事業資金は会社の血液

実は、多くの会社では、特に日々の資金繰りを紙やデータでは作成せずに、自分たちの頭の中で計算している場合が往々にあります。よくあるケースでは、経営者や経理担当者が頭の中で「20日後に入金があるので、その金額を1か月後の支払いにあてるようにしよう」というように、入出金管理を頭の中でする場合があります。これは難易度が高く、財務のスキルが身についていて、日々の事業活動が理解できているからこそできるのです。

しかし、この作業だと、新規事業をする場合や、新たに借入れをする場合、取引先数の増減等があると、入出金管理を頭の中だけで進めることができなくなる時があります。いつもとは違う事業資金の流れが出てくると、それを頭の中で正確に把握するのが難しくなるためです。

事業資金は、会社の血液でもあります。人間ドックなどの健康診断で、血液の流れが悪いのが発見されれば、その血流の改善をしなければなりません。また、血流が悪くなる兆候が見られる場合には、未然にその対策をしなければなりません。会社の血液である事業資金を循環させるためにも、この頭の中で考えている事業資金計画についても、齟齬が出ないように、何らかの措置を講じなければなりません。そこで、この頭の中でイメージして進める方法で100％問題ないと断言できない場合には、これからは頭の中でなく、事業資金を「見える化」し、精度の高い資金管理を実行するようにしましょう。

そして、事業資金を見える化することで、正確かつ効率的な資金管理をできるようにするのです。なお、前述のとおり、限られた時間の中でその作業をし、そして、その作業を継続して続けられるようにしておかなければなりません。よって、できる限り、シンプルかつ分かりやすい作業にとどめるべきです。

そこで、色々な媒体で事業資金計画に関するサンプルがありますが、用意すると時間がかかり、作成の仕方が分からなくなって、途中で断念することになったら、せっかく頑張ってきた甲斐がなくなります。そのため、できるだけシンプルで、時間をかけずに継続してできるものを考えましょう。

	入金見込額	出金見込額	残高見込額
5月月末預金残高見込額			12,100,000
6/1　X社より売上代金入金	450,000		12,550,000
6/5　甲社へ仕入代金支払い		750,000	11,800,000

ここでは、銀行預金通帳の入出金明細のフォームの活用例をご紹介します。預金通帳や、預金入出金明細を見ると、日々の入金と出金・入出金後の残高がそこから分かるようになっています。このフォームを参考にして、日々の資金繰り表を作成するという方法です。

営業担当者Aさんが、4月の時に、売上代金及び仕入代金の6月入金見込を算出したところ、上の表のようになり、これで日々の入出金見込みを確認できます。

このように、エクセル等で簡易な算式を組んでやるだけでも十分です。この見込額を入力する際には、1円単位まで見込額を算出するのではなく、1万円単位か千円単位くらいでよいです。この見える化の目的は誤差なく合わせるということではなく、日々のおおよその事業資金がいつ、どれくらいの金額が動いて、一定額以上の余裕額があり、資金不足になることがないか等を客観的に分かる内容であれば結構です。

できる限り精度の高い数値を織り込めればより正確性は増しますが、作成しているデータは、あくまでも「見込額」を算出するためのものです。費用対効果を考えて、データ作成にかける時間を減らして、必要最小限の情報が共有できれば良しというくらいのスタンスで大丈夫です。

そして、将来の入金見込額と出金見込額を算出した後、実際の入出金額が判明した段階で誤差があれば、予定額を実際額に置き換え、予定額と実際額を併記して比較できるようにして、このフォームが適宜アップデートされるようにするのです。

また、心がけるべきは、「同じ情報を関係者と共有する」ということです。経営上の数値に限らず、情報は1人で持っているよりも、関係者と共有して、修正が必要であれば修正し、追加・削除が必要であれば追加・削除するのです。

もちろん、守秘義務等もあるので、情報共有すべき関係者は厳選をして、タイムリーで正確な情報を共有するのです。そのため、このアップデートされたデータを関係者と共有するので、アップデートの都度、メールで共有すると、メール送信者にメールを返信するという手間や、メールチェックが少し遅れる場合もあります。至急性やその時の状況により対処法は異なってきますが、関係者だけがアクセスできるサーバーやクラウドにデータをバックアップしておけば、作成者が共有するためにかかる時間を減らすことができます。

会社によって事業資金計画の共有方法は異なりますが、効率的に「見える化」をして、正確かつスピーディーに共有できるようにしましょう。

第2章

事業資金を集めるには、どのようにしたらよいのか

経営者は自身の性格を踏まえて、自社に合った事業資金の集め方を

●事業資金の集め方は経営者によって千差万別

事業資金を集める際のポイントはいくつかありますが、実はその中でも大切なポイントがあります。それは、「経営者が自身の性格を冷静に分析して、自分、そして自社にあった資金調達をする」ということです。

慎重な性格であれば、事業資金はできるだけ自己資金で賄うようにして、金融機関の融資を受けず、事業資金が足りない場合には、経営者個人が立て替えて事業資金を補充するケースもあり、大雑把な性格であれば、事業資金の必要額の分析も程々にして、頭の中で事業資金計画をシミュレートしながら、足りない金額よりかなり多めに金融機関へ借入れの申込みをするケースがあります。また頑固な性格であれば、会社の資金管理方針は変えず、今まで金融機関

の融資は2年おきにしか見直さないのであれば、事業環境が変わっても、頑なにそのサイクルは守るというケースがあります。

そして、分析資料を作るといっても、大まかな資料作成に留める場合もあれば、厳密に細かく分析にじっくり時間をかけるというように、一つの方法に対して、経営者毎に千差万別の取組み方があるのです。このように、資金調達にあたっての最善の方法の結論の導き方は、経営者一人ひとりによって少しずつ違うのです。そこで、経営者は、自身の性格を知ることにより、事業資金の進め方をより効率的に進められるのです。

●経営者自身の意思決定が経営者の成長を促す

そして、いつ、どれだけの事業資金が必要なのかは、担当者が決めるのではなく、経営者が決めるようにしましょう。資金繰りは会社の生命線です。経営者が事業資金の流れを把握することはもちろんですが、事業資金をどれだけ調達するのかを決めるのも大切なことです。

ところで、自社の資金調達額はどのように決めているのでしょうか。経営者が経理担当者を兼ねるケースも現在は多いので、そのようなケースであれば意思決定を経営者がダイレクトにしていると思います。経理・財務担当者が専任でいる場合には、その担当者は必要な資金調達額を算出し、それを経営者に報告しますが、経営者はあまり目を通さずに、担当者からの報告金額と同額をそのまま資金調達していることもあるかもしれません。

もちろん、ある範囲での役割・責任を担当者に任せることも組織の成長として大切ではありますが、経営者は事業の成長スピードを見極めて、自らこれから必要な事業資金額を決めるのです。そして担当者は、どうしても経営者と同じ目線・感覚でとらえているわけではありません。

そのため、担当者の意見は十分尊重すべきですが、重要案件である資金調達額を決めるのは、経営者の役割であり、会社の成長を考えながら意思決定をし、担当者そして従業員に明確にその決定事項が浸透するようにしましょう。経営者の中には、商品開発が好きな経営者や営業活動が得意な人もいて、自分が好きなこと、得意なことに集中するケースもありますが、自社の資金調達額は、経営者が時間を取って、最終的に自身で意思決定をしましょう。すると、その意思決定をした結果をフィードバックすると、経営者自身の反省材料も浮かび上がる場合があります。そして、その反省点等を次回の意思決定に活かすことで、より精度の高い意思決定ができるのです。

このように、経営者自身が意思決定をすることで、その経験が経営者を成長させるのです。今回は事業資金を例にして経営者自身の性格に裏付けされた意思決定の話をしていますが、このことは、他の意思決定にも当てはまります。経営者の性格は、よい意味で会社のブランディングにもつながりますので、積極的に経営者がすべき意思決定を行うようにしましょう。

●経営者は、自身の性格を知って資金調達を

経営者にも色々なタイプがいます。何でもできる限り物事を自分で決めるタイプ。実務はできるだけ担当者にしてもらい、自分は経営に専念するタイプ……。

経営者には、権限があり、そして、最終的な責任を負う必要があるため、どのように業務を進めるのかを考えなければなりません。そして、必要な資金調達額も決めますが、その時に「自分の考えで進めていけば大丈夫だから、今までのやり方をずっと続けていけばいい」と思うように、記憶力が高く、係数能力も高いのであれば、自分の頭の中でシミュレートして出た結論を採用する人もいれば、「自分では、まだ数値の集計や分析力が弱いので、できる限り担当者にサポートしてもらいながら進めたい。」といった人もいます。

経営者としては優秀ですが、数値管理については別問題です。自分は間違えないという自信を持って臨む経営者と、担当者と歩調を合わせながら意思決定する経営者がいる場合、自己過信をしないということやスピード感を意識しながら決断を早くしたらよいといったように、経営者の性格に合わせて資金調達をするのです。

これは、融資の際の金融機関担当者との調整にもその性格が表れます。できる限り自社の希望額で強く交渉する場合や控えめに担当者の様子を見ながら交渉するといったように、どちらにも長所はありますが、その時々の状況によって交渉の仕方を変える必要があります。これも、経営者が自分の性格を知っていれば、交渉を有利に進めることができます。硬軟織り交ぜたり、緩急を付けたりといったようにすれば、資金調達額を希望通り、スケジュール内で調達することにつながります。

経営者は、トップにいるため、最終的な意思決定は1人でしなければなりません。すると、周囲は、経営者の動向を見守り、意思決定に従って行動します。そして自身の意思決定がそのまま事業に反映されるため、プレッシャーは大きいですが、自分の考えで会社を動かすことができるのです。


また、トップダウンで社内決裁をする人、エネルギッシュに会社を牽引する人がいたり、謙虚な人、黙々と進める人といったように、どの経営者も自身の性格が反映された行動を取ります。もちろん、それは経営者としては優秀であり、多くの売上げを上げることができているといった側面もありますが、自身をより知ることで、プラスに働くことも多いので、経営者は自身のよい面をより引き出して、会社を牽引していけばよいのです。

このような点から、経営者は、自身の性格を踏まえて自社にあった事業資金の集め方をするようにしましょう。

中小企業の事業資金の調達方法とは？

事業資金の調達方法には、その会社の規模や実績・認知度、そして、将来の展開によって選択肢がありますが、今回は中小企業の会社を中心とした案内になりますので、株式上場や社債発行等については、今回は割愛し、次の資金調達方法につきお知らせします。

1、出資＝出資者個人のお金から会社の所有に

会社を設立する際や自己資本を手厚くしたい場合には、その元手となる事業資金を会社に入れます。会社を設立した際は、会社には何も資産がなく、事業資金もありません。そこで、事業活動を行うことができるよう、会社では「出資」という形で出資者から事業資金を募ります。そして、会社では、株主から拠出された事業資金を「資本金」として、その事業資金を会社の事業活動で使います。

この資本金については、借入金のような返済義務はありません（一定の減資等を行った場合には、出資者へ返還する場合もあります）。ここ数年は、社長一人のみの人員で会社を設立す

るケースも多いです。その際に、代表者である社長が出資する場合が多いですが、その出資したお金は、社長個人または会社のいずれが所有、つまり、自由に使うことができるのでしょうか。

例えば、３００万円の出資を社長が会社に対して実行したとすると、その３００万円は社長個人のお金から拠出され、社長個人の資産からは、３００万円が減ることになります。そして、その３００万円は会社に移動し、会社の資産が３００万円増えるのです。つまり、出資したお金の所有は会社にあり、会社がその３００万円を使うことができるのです。なお、もちろん、毎年、株主総会等を通じて、出資者である株主等が会社から毎年決算報告を受けて、会社の業績を承認したり、場合によっては、今後の配当実施を提言したり、経営陣に対して意見を言うこともあります。

なお、この出資という行為は、会社を設立した時に限りません。会社設立後数年経過した時期に、会社の自己資本を厚くするために、「追加出資」という形で出資される場合もあります。資本金であれば、借入金のような返済義務もありませんので、そのお金を事業活動として使い、手元資金を充実させることもできるのです。

事業資金を調達する場合に、金融機関からの借入れと並んで活用されるものです。

２、金融機関からの借入れ＝あくまで他人資本で借入条件、返済条件が定められる

資金調達にあたり、経営者や第三者からの出資以外の形で事業資金を調達する代表例が、「金

融機関からの借入れ」です。先程の出資と異なるのは、借入れという形で調達した事業資金は、自己資本である資本金とは異なり、他人資本とも言われるところです。

これは、借入れした事業資金は、文字通り、借入れをした相手である金融機関のお金であり、金銭消費貸借契約等に基づき借入条件が定められています。そして、借入条件として、借入金額・返済条件（借入金元金の月々の返済額・返済時の利率・返済期間・担保等）について明記されています。

この資金調達方法は、経営者個人等のお金を使わずに、金融機関から、将来継続的に返済することを条件に事業資金を調達するのです。

もちろん、この借入れはどの会社でも実施できるというものではありません。金融機関も商売で融資を行っています。貸したお金が戻ってこないと、金融機関がその貸付金の元手となった預金者等からのお金が毀損してしまいます。そのため、借入れを申し込んできた会社の業績がプラスに見込まれ、将来滞りなく返済してくれる場合にのみ融資を実行するのです。事業資金を調達するメジャーな方法ですので、本書でも事業資金の調達の場合は、金融機関からの融資をメインに話を進めてまいります。

3、金融機関以外の第三者からの借入れ＝中小企業では代表者個人から

借入れは、別に金融機関からのものに限られるわけではありません。金融機関の場合には、

借入れをするにしても無制限にしてくれるわけではなく、金利も発生します。また、借入れを申し込んでも、すぐに貸してくれるわけではなく、金融機関内での審査などの所定のプロセスを踏んだ上で融資が実行されるため、実際にお金が入金されるまでは時間がかかります。

そこで、借入れであっても、「金融機関以外の第三者からの借入れ」を受けるのです。会社にお金を貸してくれる第三者の例は、親類・知人・取引先等がありますが、中小企業で多いのが、代表者個人です。代表者は、出資という形だけでお金を会社に入れるだけでなく、会社が一時的に事業資金を必要とする場合にのみ貸付け（会社が代表者から借入れ）をする方法であり、将来会社から返済を受けるのです。このように、金融機関からの借入れと異なり、早いタイミングでの資金調達や、資金調達の手続きを軽減したい時に用いられます。

4、クラウドファンディング＝ＩＴ発展の現代では画期的な資金調達方法

ここ数年前より知名度が上がり、利用者が増えた資金調達方法として、「クラウドファンディング」があります。クラウドファンディングとは概して、不特定多数の人が通常はインターネット経由で他の人々や組織に財源の提供や協力などを行うことです。インターネットが普及し、ＩＴ技術が発展した現代では、画期的な資金調達方法の一つとなっています。

このクラウドファンディングは、日本国内に限らず、世界各国でも採用されている資金調達であり、ベンチャー企業への出資や社会・政治活動、アーティスト支援などで用いられています。

もちろん、支援者からの支援が「お金」という形で実施されることから、お金を頂く側は、そのリターンをしなければならないかと思われますが、そのリターンに関し、クラウドファンディングでは、次のような類型があります。

①寄付型　金銭のリターンがないもの
②投資型　金銭のリターンが伴うもの
③購入型　プロジェクトが提供する何らかの権利や物品を購入することで支援する

その他にも、クラウドファンディングの類型方法はありますが、寄付型・投資型・購入型がメジャーであり、弊所でも利用している関係者はいらっしゃいます。

素晴らしいビジネスモデルがあっても、今までは事業資金を出してくれる相手を見つけるのが限られていましたが、このクラウドファンディングは、インターネットをつなげる環境があれば、所定のプロセスを踏めば資金を調達することができます。

5、補助金・助成金＝行政主体で返金不要な場合も

補助金や助成金は、金融機関からの借入れとは異なり、行政が交付するものがほとんどで、返還不要なケースが多いです。そして、補助金や助成金の交付目的に合致し、一定要件を満たして採択を受ければ、必要な資金額の一定割合が返済不要なお金として交付されます。なお、

補助金・助成金交付後もいくつかの書類提出が求められ、また、一定期間経過後までは交付がされないといったことがあるので、自社に適した補助金や助成金かどうかを事前に確認する必要があります。

本書では、「出資」、「金融機関からの借入れ」、「金融機関以外の第三者からの借入れ」、「クラウドファンディング」「補助金・助成金」を採り上げましたが、自社に合ったものを選択して、事業資金を調達するようにしましょう。

どれくらいの事業資金が必要なのかを明確にする

●必要な額や時期は状況に応じて変化する

会社が一年を通して事業活動を続けていると、事業資金が必要となる局面があります。
従業員の関連支出でいえば、採用コストや夏冬の賞与支給・昇給、新製品の開発であれば、開発や試作費用・量産コスト、新規取引先の開拓であれば、市場調査費用や営業コストなど、様々な局面で事業資金が必要となります。

今月は出ていく事業資金が少なかったけれど、来月は今月の1.5倍くらいの事業資金が出ていくというように、月々の出ていく事業資金は、事業の進捗等によっても異なります。ところで毎月、どれくらいの事業資金が必要なのかを高い精度でご存知でしょうか。

前章でご説明した通り、事業資金を「見える化」したら、その事業資金がいつ、どれくらい必要なのかを考える必要があります。

業態によっては、毎年新製品や新サービスの提供が必要となるために、製造設備の一部入れ替えをしたり、毎年特定の時期にのみ事業資金が必要となる場合等、事業資金が必要なタイミングや必要な事業資金額は、その時の状況に応じて変動します。

そこで、事業資金の見える化という仕組みを作った後は、その仕組みに事業資金の動きを反映させることで、資金繰りのイメージが現実に近づくことになります。資金繰りは、どのように事業資金が動いているのか、どのくらいの量の事業資金が流れているのかを見ていく必要があります。

そして、事業資金の見える化という仕組みを作って、その仕組みに事業資金の動きを反映させた後は、今後必要な事業資金の計画をした後に、その計画値と実績値との比較をしましょう。

例えば、半年後に2500万円の出金を計画していたところ、実際の出費が3000万円になると、頭の中で、「仕入材料の単価が高騰したから、今回は当初予定より500万円の増額の出費となった」という風に分析したとして、その当時の状況を正確に来年または3年後までというように、今後も覚えていられるでしょうか。

●計画値と実績値の比較で「見える化」する

経営者には、常に新しい課題が降りかかってきて、把握していなければならないことはたくさんあります。そのような中で、数年前の記憶を正確に呼び起こすのは至難の業です。記憶に残る優先順位等で経営者にも数年後でも記憶に残っているケースもあるとは思いますが、数年前の状況を正確に呼び起こすのであれば、やはり、データで残すのが必須です。

そこで、事業資金を、いつ、いくら使ったのかを、計画値と実績値の比較という形式で見える化をして、適宜アップデートを繰り返しながら、必要な時に見返すことができるようにするのですが、このデータを活用するのはどのような時でしょうか。一例として、参入している市場に競合企業が多数増えてきたとします。すると、売上げが減少しても、経費はすぐには減少せず、一定の固定費は継続して出ていくことになります。その後に別の市場開拓をするのであれば、そのマーケティング費用や営業費用が追加となりながら、売上げが回復してくるのであれば、その一連の事業資金の流れが分かります。これを、その当時の計画値と実績値でのデータで残していれば、次のようなメリットがあります。

①競合企業が参入してきた場合に、売上げが減少するが、一定水準の経費は減少することはなく、その分の事業資金が不足しているのが分かる。
②新たな売上げを獲得する時に、どのくらいの期間を要して、かつ、どれくらいのコストがかかるのかが分かる。
③今後も同じようなケースや類似したケースが発生した場合には、今回のケースを参考にしながら、その時の市場環境に合わせて必要な事業資金見込み額が算出でき、安定した経営をすることができる。

このように、必要な事業資金の計画値と実績値を作成するサイクルを仕組み化すると、その計画値の精度も上がり、明確な意思決定ができるようになります。

当初は作成に時間が少しかかりますが、一度仕組み化をして継続することにより、作成の時間もかからなくなるため、効率的にかつ正確に進めることができます。作成にあたって、その他のメリットも出てくると思いますので、自社に合った計画値と実績値の比較データを作成するようにしましょう。

●過去、現在、将来の情報を元に実践する仕組み化を

なお、どのくらいの事業資金が必要なのかという分析をするには、その分析の参考となる情報が必要です。そして、この情報には、大きく三つに分かれます。

まず、一つが過去の情報です。過去にいつ、どれくらいの事業資金が必要となったのか、そして、その時にそれより以前の年と比較して事業資金の増減があった場合には、その増減があった理由とその増減額等を情報として持つのです。

次に現在の情報です。これは、現在の会社を取り巻く経済環境と経営数値の実績値から、現時点で必要な資金額がどのくらいなのかを算出します。

最後に将来の情報です。将来市場環境がどのように変化し、売上げや原価・経費などで増減する項目があるのかを予測しながら、将来の事業資金がどれだけ必要なのかを算出します。

この過去・現在・将来の情報を集約することで、過去にどれだけの事業資金が必要だったのか、今どれだけの事業資金が必要なのか、将来どれくらいの事業資金が必要なのかが見えてきます。

これらの数値を毎年一定の時期に更新して、分析材料としてストックします。そして、これらの資料を分析し、いつ、どれくらいの事業資金が必要なのかを決定するのです。

また、この分析資料を作成する際に気をつけることがあります。それは、「分析資料を作成することを目的にしない」ということです。分析資料は、あくまでも、実行をするために必要な情報を分かりやすくまとめたものです。あまりにも細かく、1円単位の誤差も出さないよう

にするとなると、その分析資料の作成自体に時間がかかり過ぎてしまい、その他の業務にも支障が出てしまいます。そして、素晴らしい分析資料を作成したとしても、それを実行に移すからこそ、分析資料を元に事業活動に活かされ、会社は次のステップに進めるのです。分析をしただけでは、その分析にかけた時間やコストが無駄になります。分析はあくまでも実行するための前段階のプロセスです。そして実行することで、その実行した結果を今後の資金計画の参考にし、更なるブラッシュアップができるのです。

このように、どれくらいの事業資金が必要なのかを明確にし、その計画値と実績値に、過去・現在・将来の情報を織り込みながら、実践できる分析資料を作成する仕組み化をしましょう。

無借金経営と借金経営の違いとは？

●金融機関からの借入れは事業資金が安定している時に

事業資金が手元にどれくらい必要なのかは、その時点での業績はもちろん、業態によっても異なります。例えば、飲食店であれば、材料の仕入代金や家賃・従業員の人件費・光熱費等がかかりますが、パソコン一台で仕事ができる業態であれば、かかる経費の項目は限られます。また、各々の業態で算出される利益が同じだとしても、売上げや原価・経費の額は異なるのです。そのため、業態によって必要な事業資金は異なりますので、自社に合った資金額を集める必要がありますが、その時に「借入れをした方がよいのか」迷うことがあります。

以前から業績が好調で、競合他社に負けない強い商品を継続して供給しながら利益を確保し、資金繰りも安定していて金融機関からの融資等を受けずに、手元にある事業資金を効率的に活用して、日々の事業資金が枯渇することのないようにしている会社であれば、特に借入れをする必要はないかもしれません。

このように、事業資金が潤沢で、一定水準以上の事業資金が必ずある会社は別ですが、もし、これから資金繰りが厳しくなるとしたらどうなるでしょうか。しかも、金融機関には預金口座だけ開設していて、営業担当者や融資担当者とはコミュニケーションを取ることが全くない状態で、突然、金融機関の窓口に、「事業資金が足りないので、借入れの申込みをさせて下さい」と経営者が言ったらどうなるでしょうか。今までのコミュニケーションが全くない経営者からの急な申し出では、金融機関の融資担当者は困惑してしまいます。

金融機関は、預金者からの預金等を元手に、貸付業務を行っています。そのため、預金者の預金を保全しなければなりませんので、融資を実行した場合には、その分の返済が返済期日までにきちんと実行されていなければなりません。

そこで、金融機関への借入れの申込みがあった際には、事業計画書や資金計画表、その他の融資実行にあたっての多くの書類作成を要求し、経営者にヒアリングをします。その上で、金融機関内で審査を行って、その会社に融資を実行するのかを決定します。

しかし、その会社の資金繰りが厳しい状況で借入れの申込みをしてきたらどうなるでしょうか。「この会社は今経営が厳しいようだ。事業資金もあと少しで底をつきそうな状態のため、滞りなく全額返済してくれるだろうか不安だ」「この会社の事業計画書では、今後の業績は大きく改善されると書いてあるが、市場環境はこれからますます悪化するはずなので、融資を実行できそうもない」と見られる可能性が高いです。

金融機関も、融資を実行したくても、今までその会社への融資実績がなく、経営者との日頃からのコミュニケーションも十分取れていないためにその会社の情報が乏しく、急な申込みであれば、会社のために頑張ろうと思っても審査が通る可能性が低いです。

そこで、事業資金がなくなる時に借入れをするのではなく、その前に事業資金が安定している時にスケジュール上の余裕を持って借入れをするのです。事業資金がある時に借りても意味がないとお考えの会社もあるかもしれませんが、「今どれだけ事業資金が必要なのかということだけでなく、それ以上に、将来どれだけの事業資金が必要なのか」と考える必要があるのです。

そして、会社は事業資金がないと倒産します。事業資金があるからこそ事業を続けることができるのです。「現時点では事業資金が足りているのに、わざわざ借入れをして、利息が取られるのは嫌だ」と思われるかもしれません。利息を支払うということは、その分会社の事業資金が目減りするわけですから、そのように考えるのも当然です。

●利息は「安心料」と捉えて支払う

しかし、事業資金の価値は日々変わります。今日会社に1万円があったとしたら、その1万円を使って、1年後には3万円の売上げにしようと思うのが商売です。商売にはコストがかかります。そのコストがかかる訳ですから、その1万円を使ったとして、一年後に同額の1万円

しか売上げが計上できなかったらどうなるのでしょうか。このケースであれば、利益を確保できず、しかも、そのコスト分の回収ができていないことになります。

金融機関も商売をしています。その会社の経営状況や世の中の相場を見極めながら利率を決めるのです。そして、金融機関も同様にその借入れに係るコストを負担しているのです。融資に関わる営業担当者や融資担当者だけでなく、副支店長や支店長、本店審査が必要な場合には、本店関係者を含めたところでの人件費などのコストがあるのです。

金融機関も、このコストを回収しなければならず、合わせて、採算の取れる利率の設定をしなければなりませんので、利息が発生するのは致し方のないことです。

そのため、会社側はその利息を支払わなければなりませんので、その分は会社の必要経費として、いわゆる「安心料」と捉えて支払うのです。金融機関への金利の支払いの必然性が分かれば、後は、借入れをするのかどうかの判断です。

一般的に、「借金」というと、ネガティブなイメージがありますが、会社と金融機関との関係でいっても、「どうかお金を貸して下さい」といった低姿勢に出るのではなく、「業績も好調なので、もっと事業資金を手厚くしたいから融資をして下さい」というように、対等に近い形がよく、それよりも、金融機関側が「融資を御社に実行させて下さい」と言われるくらいの方がよいです。

通常は、金融機関の支店が融資を実行すると、それが支店の実績となり、毎月の元金返済額と利息の支払いがあることで預金者の預金を保全でき、利益を上げることができるのです。

金融機関との付き合い方は別の章でお知らせしますが、借入れをすることで、事業資金が手厚くなり、経営者の資金繰りのストレスも軽減され、事業の成長スピードを上げることにつながります。

繰り返しになりますが、業績が今後も安定していて事業資金も豊富にある場合であれば、あえて借入れをする必要はありませんが、事業資金が手厚く残っていないようであれば、今後のリスクヘッジや事業成長のために借入れをするという選択も間違っていません。

このように、借入れをするからこそ、事業が安定するという側面もあるので、「借金」という言葉を前向きに捉えて、借入れをするのかを検討するようにしましょう。

金融機関からの借入れは、計画的に適切なタイミングで

●融資審査がおりなくても前向きに

いざ金融機関から融資を受けるという段階になると、借入申込書や事業計画書などの書類作成や、金融機関からのヒアリングがあり、いくつもの初めてのことに対応しなければなりません。そして、通常業務の合間に融資関係書類を作成して、金融機関の融資担当者や営業担当者と打ち合わせをしながら借入れの申込みをし、実際に融資の審査がおりるのを期待と不安が入り混じりながら待つことになります。

これに対して、金融機関側も、融資をするからには、きちんと約束どおり返済してもらえることを見極めなければなりません。そのため、本当は融資を実行できそうな会社でも、借入申

込書類の書き直しをしてもらっても精度が上がらない場合や、借入申込日から融資実行希望日までの期間が短すぎた場合では、審査がおりない時もあります。これは、その会社が融資を受けるのに不適格だったということではなく、書類の作成内容に不備があったことや、借入れを受けるまでのスケジュールが厳しかったことも要因かもしれません。もし、審査がおりなかったとしても、融資を実行している金融機関は一つだけではありませんので、落ち込み過ぎないようにしましょう。

しかし本当は、第一希望の金融機関で借入申込みをして、審査が通って融資が実行されるのを望んでいるはずです。そのため、本来は、「一発勝負」との姿勢で対応しなければならず、これには、タイミングも大切なため、こちらでは、金融機関へ借入れの申込みをするタイミングのポイントを挙げますが、その前に、いくつかのチェックポイントがあり、その中のうち、初めて借入れをする会社からの質問が比較的多い内容を二つ挙げます。

●初めて借入れをする際は次の点に留意

まずは、「事業計画における資金計画を精査して、いつ、どれくらいの事業資金が必要になるのかを事前にチェックする」ということです。借入れをするということは、事業資金が必要になるからです。手元資金に厚みを持たせたい場合、設備の購入資金が必要な場合、夏冬の賞与支給資金が必要な場合などです。

借入目的に応じた借入金額があり、その借入金額を必要な時に調達できる様な態勢にしておかなければなりません。そして、借入目的によって、金融機関での融資条件が異なってくることがあります。そのため、いつ、どれくらいの事業資金が必要になるのかを事前にチェックしましょう。

次は、「借入れ希望額が事業資金必要額に不足しないようにする」ということです。会社の事業活動に欠かせないからこそ、融資を受けるのです。しかし、融資を受けた後に、もし、事業資金が足りなくなってしまったら、どうなるでしょうか。融資を実行してもらった金融機関では、追加の借入申込みをしても、審査がおりないかもしれません。金融機関も会社の申込みに応じて当初融資を実行しているのであれば、事業資金不足による追加融資の申込みは、金融機関にとってネガティブに捉えられることも想定されます。「事業資金は会社の血液」です。枯渇して血流が止まることのないように、借入金額に不足が生じないようにしましょう。

この二つが、初めて借入れをする会社からの質問が比較的多い内容となります。そして、金融機関へ借入れの申込みをするタイミングのポイントですが、「借入れスケジュールを逆算して、可能な限り日程に余裕を持って借入れの申込みをする」ということです。

● 金融機関とはWin-Winの関係で

金融機関への借入申込みから融資実行までは、いくつものプロセスがあります。会社側では、金融機関に借入れの申込みをしてから、必要書類の提出と合わせて金融機関担当者からヒアリングを受け、その後に金融機関の審査を受け、審査がおりてから融資が実行されて、やっと会社の口座に融資実行金額が着金になるので、これらのプロセスには、一定期間が必要です。

最初に、借入れの申込みにあたり、事前に金融機関担当者に打診して、借入れが可能と思われる金額や、実際に借入れが実行される口座への着金予定日、利率、返済金額、融資にあたっての必要書類などの確認が必要です。そして、申込み前に借入れの希望額に対して融資可能額が不足することが判明した場合には、借入れの申込みをする金融機関の追加や、借入申込みをする金融機関を変更することを検討しなければなりません。

また、日程に余裕がない状態で借入申込みをすると、会社が希望する条件で借入れをすることができず、後悔した状態で毎月の返済をしていかなければならない場合もあります。金融機関側も、日程に余裕がないと、審査のハードルが上がり、会社側の希望を受け入れたくても受け入れ難くなってしまい、どうしても足元を見られることにもなりかねません。

本来、貸付側である金融機関と借入側である会社は、できる限り対等な関係でつながっていた方がよいので、そのためには、金融機関側が日程的に余裕が持てるように借入れの相談をするようにしましょう。

ところで借入れの申込みをするとしても、そもそも、どれくらいの日数がかかるのでしょうか。これは、借入れの内容や融資の種類等によって異なります。申込みから1か月くらいで融資が実行される場合もあれば、2～3か月かかる場合もあります。そのため、融資の打診を半年から一年ほど前からしてもよいです。経営者と金融機関担当者との間で余裕のあるコミュニケーションを取っておけば、融資実行がスムーズに進む可能性が高くなります。

そして、融資が実行された後にも検討した方がよいポイントとして、「次回の借入れスケジュールを考える」ということです。事業資金必要額の見込誤りをして追加融資を受ける場合は別として、1回融資を受けたといっても、その1回のみで融資が終わると考えない方がよい場合があります。人員を数年後には増員したり、新製品の製造設備を導入する計画があったり、事業の成長スピードを加速させるためには、事業資金は欠かせません。借入れの申込みをした後でも、金融機関担当者とは、次回以降の融資の話をしてみるのもよいでしょう。

借入れをするタイミングを見極めて、余裕を持ったスケジューリングをすることで、会社と金融機関双方にとってWin- Winとなる融資が実行される可能性がより高まりますので、金融機関からの借入れは、計画的に適切なタイミングで行いましょう。

第3章

事業資金はどのように使ったらよいのか

毎月の事業資金計画は事前に作成しよう

●事業資金計画を作成するのはなぜか

事業資金が毎月いつどれくらい入ってきて、いつ、どれくらい使うのかを、皆さんはどのように把握しているのでしょうか。

実際にある一例として、事業資金の把握の方法をご紹介します。
次のものを用意します。

1、預金通帳
2、これから支払いに回す請求書
3、会社が発行した請求書でこれから入金になるもの
4、ノートやメモ用紙

そして、ノートやメモ用紙に次のことを記入をします。

・口座の残高を記入
・右記2と3に基づき、支払予定日と入金予定日を記入

記入が済み、日々の事業資金が滞りなく循環することを確かめたら、そのノートやメモ用紙をカバンに入れます。

その後は、そのノートやメモ用紙を適宜見ながら、当初想定していたものと変わらないのかをチェックします。このチェックであれば、月に一回程度記入すればよいので、その時間さえ確保できれば、資金繰り予測のついては、概ね把握できます。

しかし、事業が成長してくると、それに合わせて事業資金の動きが変わってきます。

入金額についていえば、

・売上代金が増える場合
・売上げの得意先が増える場合

出金額についていえば、
・仕入先や外注先の一回の支払額が増える場合
・支払先が増える場合
・給与支払いの場合は、昇給により従業員への支払いが増える場合や、増員により給与振込みの支払先数が増える場合

加えて、会社の規模が大きくなればなるほど、事務所や店舗が手狭になり、移転のための引っ越し費用やその後の家賃の負担が増えます。

会社が成長するのを客観的に判断する際の基準は、どれだけ売上げが増えて、その分利益も増益になったのか等で見ることがありますが、一定期間の事業資金の動きが大きく変わってくることからも判断できます。

そして、今までは、仕入先や外注先の数が特に変わらず支払回数が変わることはなかったとしても、事業が拡大してくると、仕入先や外注先の数が増えて支払回数が増えて、一回あたりの支払金額も増えます。また、入金という点でも同様に、月々の入金回数と一回あたりの入金額も増えることになります。

すると、今までのように手帳やメモ用紙に記入していると、記入する項目が増え、頭の中で

の集計が間に合わなくなる時があります。

事業資金が潤沢にあり、事業資金計画の精度が落ちたといっても問題ないのであればよいのですが、そうでない場合には、今までのやり方を見直す必要があります。

そこで、具体的にどのように見直して、事業資金計画を作成していけばよいのでしょうか。その答えは、エクセルなどを活用した簡易的な事業資金計画表を作成するのです。しかし、今まで作成したことのない会社が作成するにはハードルが上がります。

そのため、そのハードルを乗り越えられる仕組みを作りましょう。

●いつでも気軽に見ることができるような端末にデータを収納

今までは、手帳やメモ用紙に記入していたのであれば、カバンに入れておけば、いつでもそれを見ることができました。これを、今後はエクセルなどのデータで作成・管理するというのであれば、発想を変えなければなりません。

そして、発想を変えたとしても、今まで通りにいつでも、どこでも見られるようにしておかなければなりません。

そのためには、次のように、データをいつでもどこでも見られるような仕組みを作りましょう。

①スマートフォン・タブレットPC・ノートPC等のモバイル端末から見ることができるようにする。

（データ管理をするのであれば、更新したものが随時アップデートされて、色々な端末からアクセスできるようにします）

②無線LANの通信環境を確保する。

（外出などの移動先からでもアクセスできる通信環境を整えます）

③データをサーバーやクラウド等に保存する。

（いつでも、どこからでも、データにアクセスできるようにします）

●事業資金計画データの作成自体に時間やストレスがかからないように

手帳やメモ帳で簡易に作成・計算できていたものが、端末を利用することによって難易度が上がり、時間もかかってストレスが増えるようであれば長続きしません。

長続きする仕組みは、「気軽に簡単にできて、概ね正確で、ストレスがかからないようにする」ことです。

そこで、次の方法で作成するのをおすすめします。

①事業資金計画のエクセルのフォームを決める。

フォームに織り込む項目には、次のようなものがあります。
日付・入出金内容・入出金額・残額・事業資金の循環状況
②毎月一回以上、数か月前から事前に作成する。
(例：12月の事業資金計画を9月頃に作成する)
③事前に作成した事業資金計画を修正する必要が出たら、適宜更新する。
(例：9月に作成した12月分事業資金計画で、10月時点で12月の外注費の支払いが増える見込みなので、12月分事業資金計画を修正して更新する)
④データをアクセス可能な場所にバックアップ(保存)する。

そして、ここでのポイントは、

「1円単位まで正確に合わせることにこだわらない」ということです。あくまでも、事業資金が滞りなく循環し、そして、想定している額が手元に残るのかを見ていくものです。作成される方の性格にもよりますが、一円単位まで合わせることにかけた時間と、そこから得られる成果のバランスが取れませんので、会社の事業資金量に応じて、千円単位・万円単位で、金額を表示するので十分です。

日付	入出金内容	入金額	出金額	事業資金残額	事業資金の循環状況
～	～				○
～	～				○
～	～			10,800,000	○
2019/12/13～19	小口経費支払い（会議費・備品・交通費）		100,000	10,700,000	○
2019/12/20	××社へ外注代金支払い		450,000	10,250,000	○
2019/12/25	△△商事より企画制作料入金	800,000		11,050,000	○
2019/12/25	給料支払い		3,800,000	7,250,000	○

●事業資金計画のサンプル

事業資金計画は、様々なフォームがありますが、あくまでも、作成に時間をかけ過ぎず、内容が分かり易く、おおよその事業資金量が分かればよいのです。

そのため、一週間で少額の経費での支払い（会議費・備品・交通費等）が発生する場合には、詳細に表示させないで、「～月～日から～月～日まで、小口経費支払い100万円」というように、表示させればよいのです。

こちらに、サンプルフォームをご案内します。

このように、金融機関の預金通帳に近いものでよいです。あくまでも、負担にならない程度で、継続して事業資金の循環状況を一覧で分かるようにするのが目的です。

そして、もちろん、こちらのフォームはサンプルですので、自社に合ったフォームにアレンジして、より効率的に活用されることをおすすめします。

事業資金は感謝の気持ちを込めて使う！

●事業資金を獲得できるのは、ありがたく、尊いこと

事業資金が集まってくるのは、社長や従業員が売上げを獲得するために、日々頑張った成果が目に見える形となったからです。

そして、得意先などの関係者の信頼も勝ち得たからこそです。売上げを確保するのは大変です。今まで全く取引きのなかった会社から成約をとるのに一年以上かかったり、長年続いている得意先であったとしても、満足度の高い商品やサービスを提供し続けなければ、いつ取引きを打ち切られるか分かりません。

そのような状況で、売上げを獲得できるのは、ありがたく、そして、尊いことです。そのため、頂いた事業資金は大切にしなければなりません。その事業資金を使う段階になると、「使うのはもったいない」「使うのはよくない」と感じる経営者もいらっしゃいます。

その事業資金を頂くために、どれだけの労力とコストをかけたのかを考えると、そんな簡単に使うことはできません。創業当初から今まで躓くことがなく、順風満帆で過ごせていた会社はほとんどありません。

なかなか新しい顧客を獲得できなかったり、設備投資にかけた事業資金を回収するのが遅れて資金繰りが厳しくなったりということもあります。会社で事業をして初めて気づくことや反省すべきことが出てくるのは自然の流れです。

その流れの中で、改善すべきところは改善して、切り捨てるところは切り捨てて、スピード感を持って前進を繰り返しながら、会社は成長・発展していくのです。そして、その成長・発展を目指して日々頑張った成果として得た事業資金を何のためらいもなく使うことには抵抗があって当然です。

一方、海外諸国と比較して、日本では、事業資金を使うことに罪悪感が一部ではあるといわれています。大切な事業資金を使うのはもったいないと、必要以上に考えている面があると認識されているようです。

●事業の継続・成長発展のために、事業資金を使うのはよいこと！

大切なのは、事業資金を「どのように使うのか」です。違法な目的で使ってはいけませんが、関係者から「ありがとう」の気持ちの表れとして頂いた事業資金です。そのため、活きた目的で事業資金を使っていくと、その事業資金は近い将来また戻ってきます。

●事業資金に想いを乗せると、その想いが循環する

事業資金自体には、もちろん感情はありませんが、事業資金を使う時に抱いた気持ちがあると、事業資金にもその気持ちが乗って手元から旅立っていきます。すると、色々な関係者の手元に渡り、各々の想いを乗せて、更に回っていきます。

もし、事業資金というものに色を付けて特定できるのであれば、自社の手元を離れた事業資金は、支払先の手元に渡り、そこから遠く離れた場所に送金されるかもしれません。そして、次の場所では、お金の仲間を増やして、さらに次の場所に移っていきます。

このように、事業資金は、使う人や会社の想いが乗り、相手にその想いが受け継がれていきます。

事業資金を支払う側が好意を持ち、プラスの感情で支払ったのであれば、その想いは事業資金を頂く側に伝わります。そして、お互いの気持ちが win win になると、事業資金も「気持ちよく使ってくれてありがとう」という感情を持ちます。そして、その想いを乗せて、事業資

金は更なる旅立ちを迎えるのです。

このように、事業資金を使う時に罪悪感を抱く必要は全くありません。

●事業資金を使うということは、売上代金を支払うお客様がいて初めて成立する

事業資金を使うには、手元にその必要額がなければなりません。その必要額は、お客様からの売上代金の支払いがあってこそ成立します。

事業投資をすることで、そのリターンとして将来売上代金が入金になりますが、そもそも事業としては、お客様がいらっしゃるからこそ成立するのです。そのため、感謝の気持ちを込めて事業資金を使うことも大切ですが、その前提として、

「事業資金を使うことができるのは、お客様からの売上代金の入金があるからこそできている」ということを心に留めておかなければなりません。

日々繁忙に追われ、慌ただしく業務をしていると、事業の本質を見失いがちになりますが、お客様があってこそ、事業をすることができると意識するようにしましょう。

●お客様目線で、事業資金を使ったリターンとしての売上げに得意先の感謝の想いが乗っているのかを確認する！

先述したように、売上げを獲得できるのは、ありがたく、そして、尊いことです。その獲得

した売上げに、相手の感謝の想いが乗っているのも考えるようにしましょう。

現金商売でなければ、通常は、売上代金の回収は預金口座へのお客様からの入金になります。その預金口座への入金額だけを見ると、単に印字がされていて、無味乾燥なものとして捉えてしまうかもしれません。

そこで、「今回入金して下さった売上代金は、はたしてお客様は満足して入金してくれたのだろうか」と一度振り返ってみてはいかがでしょうか。

入金はしていても、ひょっとしたら、「不良品に近いようなものもあって、本当は支払いたくなかったけれど、しょうがいないから支払った」や、「この会社への支払いは、今回までにして、次回からは早く納品してくれる他の会社へ発注をしよう」と思っているかもしれません。

預金口座に着金されているのだけを見ても、取引先の想いは分かりませんが、その裏では、色々な想いが込められています。

そして、その想いを感じ取って、今後の商品やサービスの内容を変え、または、よりよい質のものを提供して、顧客満足度を高め、「ありがとう」の感謝の想いを引き出せるようにしましょう。

●事業資金には、「今まで一緒にいてくれてありがとう」という感謝の気持ちを込めて送り出す！

感謝の気持ちを込めて事業資金を使うようにしますが、一方で、頑張って獲得した売上げから増えた事業資金が減るのは残念です。

しかし、事業を継続・成長させるには、事業資金を使うことは必要なので、事業資金を支払うに相応しい相手先がいるのであれば、その相手先に支払う際には、事業資金に対して感謝の気持ちと将来への期待を込めた、次の気持ちを込めて送り出すようにしましょう。

「今まで一緒にいてくれてありがとう。感謝の気持ちを次に支払う人へ伝えたいので、その想いも持って行って下さい」

事業資金自体には感情はありません。しかし、事業には、全員の想いが乗っています。その想いを事業資金に込めれば、きっと事業資金も嬉しく思い、多くの仲間と一緒にまた戻ってくるはずです。

事業資金は使うからこそ集まって増える！

●事業資金を使う時の意識

事業資金が手元にあるとしても、それをどのように使ったらよいのか迷うことがあります。そこで、事業資金は手元においておくとどうなるのかを考えてみましょう。

例えば、会社の預金口座に1000万円の残高があり、その事業資金は特に使うことなく、自動引落等での支払いもない状態で一年間おいておくとします。すると、一年後にはこの1000万円というお金はいくらになっているでしょうか。結果は、預金利息が少し入金になった分だけの増加です。

現在の低金利時代では、預金利息といっても、事業活動にプラスになるほどにはなりません。そのため、預金利息以外に、この預金残高が増えることはありません。

事業資金は、一定金額は将来に備えてストックをしなければなりませんが、もし、この1000万円は目的に応じて「使ってもよい」事業資金だったのに、使わずに手元に全額置いているとしたらどうなるのでしょうか。その場合、この預金額は、「活きた事業資金として使われていない」ということになります。

「金は天下の回りもの」とも言われます。

事業資金には、手元においておくべき分と使うべき分に分かれます。そして、使うべき分がそのまま手元に残っていると、その事業資金が預金利息以外に増えることはありませんので、事業活動にとっては、プラスに働きません。

●飲食店で、人財に対して事業資金を使うケース

飲食店のケースで考えてみましょう。

飲食店で従業員数が不足しているとします。すると、従業員数不足のため、店内のオペレーションが遅くなっているのであれば、お客様の満足度はどうなるでしょうか。料理や飲み物の提供が遅くなり、接客の質が落ちて、お客様の満足度は低く、「不満足」になってしまいます。

飲食店は、競合も多く、お客様の嗜好も多岐にわたっています。そのような中で、お客様の満足度を叶えられなかったら、同じ飲食店をまた利用することはなかなかありません。そのため、お客様はその飲食店を利用しなくなり、場合によっては、その飲食店の評判が周囲に広まってしまい、経営上マイナスになってしまいます。結果として売上げも、その分増えないことになり、従業員数の不足から起きた店内のオペレーションの課題が売上げ減につながり、悪循環を引き起こしてしまいます。

このケースでの解決策の一例は、従業員を採用することです。そして、その従業員を採用するには、求人広告費や給料が発生しますが、「使ってもよい」事業資金を充てるとどうなるでしょうか。

求人広告費や給料の負担は増えますが、店内のオペレーションが改善されます。すると、料理や飲み物の提供がスムーズになり、接客の質が改善され、お客様は「満足」します。

お客様の満足度が上がれば、リピーターとして来店してくれる場合もあり、事業資金として充てた金額以上の売上代金が増えれば、事業資金が増えることになります。

従業員を増員すればより採算が取れるということを事前に確認しなければなりませんが、事業資金を使うことで、使った分以上のリターンが見込まれるのであれば、事業資金を使うという判断は必要です。

●製造業で、設備に対して事業資金を使うケース

製造業のケースで考えてみましょう。

製品（商品）を製造するには、様々な資産が必要になります。人的資産はもちろん、物的資産としては、材料や部品・型や消耗品・工具等があります。

そして、その中でも高額なのが設備です。業態により設備金額は異なりますが、数十万円の比較的リーズナブルなものから、億円単位のものまで様々です。

この設備投資の場合には、「使ってもよい」事業資金だけでなく、金融機関からの融資等で足りない事業資金を調達するのが多いです。これも、設備を購入するからこそ、売上獲得につながるのです。一つの製品（商品）を製造するのに必要な人的資産と物的資産があれば、お客様にそれを届けることができます。

製造業の場合には、研究開発や試作・生産・量産等のプロセス毎に発生するコストや事業資金調達コスト等と利益を回収できるように、販売価格を設定して売上げを獲得できれば、設備投資をしても採算が取れます。

●優先順位を付けて事業資金を使う

事業資金を使うからこそ売上獲得につながるということをご案内しましたが、使うにあたってのポイントがあります。それが、「優先順位を付けて使う」ということです。

事業資金を使うといっても、色々な局面があります。

・売上獲得につながるような、人的・物的資産への投資
・毎月発生する仕入代金や人件費・家賃等の支払い
・金融機関への借入金や利息の返済
・その他臨時的な支払い

事業資金では、「使ってもよい」手元にある事業資金と金融機関からの融資で調達した借入金等を活用して支払いに充てますが、この事業資金は青天井というわけではなく、限られた金額です。

預金残高を全く気にしないで、いくらでも支払いをできるというものではありません。自社のキャパシティを考えながら、その範囲内で優先順位を付けて、いかに効率的に事業資金を使っていくのかが大切です。

将来の売上獲得につながる投資に使いたいのはもちろんですが、その他にも支払いがあります。毎月必ずしなければならない支払いをするための事業資金は確保して、それ以外の「使ってもよい」事業資金を人的・物的投資等に充てるのです。

高額な設備を購入したために、毎月の給料を従業員に支払えなくなってしまっては大変です。優先順位を付けて事業資金を使い、今後の事業の継続と成長・発展につながる自社の事業資金バランスを決めましょう。

● ただ寝かせておいても増えるのは利息分だけ

このように、事業資金は、使うからこそ集まってくるのです。何もしないで寝かせておいても、増えるのは預金利息分だけです。もし預金口座に残っている金額が金融機関から借り入れたお金であれば、元金と利息をその中から支払わなければならず、預金利息より高額なので、事業資金はただ減るばかりです。

使うべき事業資金は「活きた事業資金」として使ってあげるべきなのです。そのため、事業資金に優先順位を付けて使っていくようにしましょう。そして、事業資金が増える仕組みづくりをしましょう。

手元に残った事業資金はどのようにしたらよいか？

●日々の入出金の結果として、事業資金が手元に残る

事業資金は日々の入金によって増え、日々の出金によって減ります。そして、その日々の入出金の結果として、事業資金が残ります。つまり、事業資金は日々回っています。加えて、毎日同じような回り方はしないので、日々の入出金額が違えば、日々の事業資金残高も異なります。

そして、今日手元にある事業資金は、明日の早い時間に使われる場合もあれば、数日間は使

われずに残っていたりします。計画的に事業資金が使われているのであれば、残った事業資金はストック（内部留保）を予定しているものと、一定期間内で事業活動上必要な経費や投資に使われるものとに分かれます。

なお、事業資金が残っているとしても、当初想定していた入金額よりも少ない入金であった場合には、当初想定していた場合よりも少ない金額が手元に残る結果となります。

これに対して、当初想定していた出金額よりも少ない出金があった場合には、当初想定していた場合よりも多い金額が手元に残る結果となります。

●手元に残った事業資金が想定内のものか分析

手元に事業資金が残っていたとしても、その金額を将来使えるかと考える前に、想定していた金額とどれくらいの誤差が生じた結果として、その事業資金が残ったのかを分析しなければなりません。事業資金は、日々の入出金の積み重ねで残っています。

しかし、その入出金には、自社で把握している場合と、把握していない場合、そして、把握していたが、金額に相違があった場合等がその内訳となります。自社で把握してない入出金があった場合には、致命傷にならないように速やかにその内容を突き止めて解消しなければなりません。

そして、合わせて対応しなければならないのが、自社で把握していたが、金額に相違があった場合です。

●自社で把握していた入出金額と実際の入出金額に誤差が生じた場合の分析と対策

例えば、当初は、1500万円を手元資金として留保する予定だったところ、想定以上に事業資金を支払ってしまい、その月は、結果として1100万円しか手元に残らなかった場合には、そこから検討しなければならないことがあります。

その一つが、「なぜ、400万円多く事業資金が必要となったのか」ということです。入金額と出金額を1円単位まで正確に予定額を見込むことはできませんが、自社の許容範囲以上に誤差が生じてしまった場合には、その理由をおさえておかなければなりません。

なぜなら、今後同じようなケースが発生しないようにしなければならないからです。

その誤差が大きくなればなるほど、資金繰りに影響を及ぼし、事業の継続に支障をきたす場合があるからです。

そして、この誤差が発生していたということは、当初想定していた事業資金計画では成立しなくなったので、その理由を突き止める必要があるのです。

この誤差が発生した理由が、外注費の支払いが400万円増えた結果であったとします。すると、その外注費の支払いに関して、今回の業務だけで誤差が発生したのか、それとも、今後、将来的にその誤差分の外注費が発生するのであれば、将来の事業資金計画にその外注費を織り込むのです。

次に、もう一つが、「400万円多く事業資金を使ったために、その残った事業資金で滞りなく、事業資金が循環するのか」という点です。

プライベートでも同じように、家計が圧迫してしまうような出費は、これからの生活に支障が出てしまいます。生活に支障が出てしまうのであれば、その後の出費を極力抑えて、家計が回復するまで我慢しなければなりません。

事業活動も同様に、残った事業資金が予定より400万円少なくなってしまった場合には、その後の経費も抑えて、売上げも増額していかなければなりません。また、場合によっては、今のままでは、事業資金に不安が生じる見込みであれば、必要額を金融機関からの融資等で補わなければなりません。

●分析と対策の一連の流れを速くする

事業資金が減少してくると、その減少の流れが今後も続いてしまうことがあります。向こう一年の事業資金計画書を作成していた場合、特定の経費の見込み額が実際の支払額と相違していると、その相違していた月だけでなく、その後の月も毎月相違してくる場合があります。そのような場合には、今回の例では、その後毎月400万円の外注費が追加で発生してしまうことになります。すると、その追加分が経営を圧迫する場合があります。

加えて、一か月というのは、あっという間に経過します。日々の繁忙に加えて、事業資金の改善対策をしなければならないのであれば、先程の分析と対策を速やかに行わないと、改善対策が間に合わなくなります。それは絶対に避けなければなりません。そのため、事業資金計画と実際の入出金額に相違が発生し、事業資金が不足しそうであれば、速やかに対策を立てて、事業資金が足りなくないようにしなければなりません。

また、これと反対に事業資金が予定より多く残りそうであれば、内部留保（ストック）しておくのか、今後の事業活動を維持するための経費や新規事業等に投資するかの判断をするのです。なお、当初予定と入出金額に差異があるといっても、少額、または差異の重要性が低いのであれば、場合によってはそこまでの対策は不要なのかもしれませんが、経営に影響を及ぼす可能性があるものは、速やかに解消しましょう。

もし、特に対策をしないのであれば、単に手元に残っている事業資金を右から左へ流しているだけになってしまいます。そのような事業資金の使い方であれば、不足している場合は資金繰りが不安定となり、また、余剰がある場合には、活きた事業資金として使える機会を失ってしまうことにもなりかねません。

事業資金は、適切なタイミングに必要な金額がなければなりません。これを保つには、手元に残った事業資金の内訳を分析し、そして、適宜対策をしていくのです。手元に残った事業資金は、これからの会社の未来のために使うものであり、これからも継続して残すべきものです。事業の継続や成長・発展のための活きた事業資金にするためには、その残った事業資金がどのような意味を持つのか考えましょう。

支払方法に応じた事業資金の管理をしよう

●事業資金には、いくつもの支払方法がある

事業資金を使うといっても、毎月同じ日に使うわけでもなく、使うとしても、同じ相手先でも支払金額が異なることはたくさんあります。そして、更に支払方法が違います。

現金支払い・現金振込み・預金振込み・自動引落しといったものだけではなく、ここ数年はキャッシュレス決済が普及し、クレジットカード決済・電子マネー決済・プリペイド決済やQRコード決済・暗号資産での決済があります。

ところで、各々はどのような支払い方法かというと、

1、現金支払い
紙幣や硬貨で支払先へ直接支払いをする方法

2、現金振込み
紙幣や硬貨を用いて、金融機関の窓口やATMで支払先の預貯金口座宛に支払金額を払い込む方法

3、預金振込み
自社の預金口座から、支払先の預貯金口座宛に支払金額を払い込む方法

4、自動引落し
口座振替とも呼ばれ、指定金融機関の口座から所定の日に引き落とす（振替える）ことで、支払先の収納口座へ送金する方法

5、クレジットカード決済
クレジットカードを用いて、後払いで支払代金の決済をする方法

6、電子マネー決済
磁気カード式やICカード式の電子マネーを用いて、支払代金を決済する方法
※プリペイド（前払い式）、ポストペイ（後払い式）等があります。

7、QRコード決済

店舗のレジに掲げられている専用QRコードを携帯端末のカメラ等で読み取って、支払いをする方法

8、暗号資産での決済
インターネット上でやり取り可能な財産的価値を用いて支払いをする方法
※以前は、仮想通貨と呼ばれていました。

9、その他
手形・小切手を用いて支払いをする方法等、その他にもいくつかの方法があります。

このように、用途に応じた決済方法を会社が選択することができます。会社としては、利便性が高く、正確で、運用コストを抑えられる方法を選択することになりますが、これだけの支払方法がある場合には、どのように支払方法を管理したらよいのか迷ってしまいます。

そこで、今回は支払方法に応じた事業資金の管理をしましょう。

●支払先・支払内容に応じて、支払方法をグループ分けする

先述したとおり、多くの支払方法がありますが、支払先や支払内容に応じて、適切な方法がありますので、今回はそのグループ分けの事例をお知らせしますが、まずは、支払先・支払内容のグループ分けをご紹介します。

1、取引先（仕入先、外注の工事業者やコンサルタント等）の場合（業務系）
仕入代金・外注費・広告費・報酬等
※前金を一部支払う場合や、一括で支払う場合と、完了後に支払う場合があります。
2、毎月発生する固定費（管理系）
家賃・人件費・インターネット関連費用（プロバイダ料・通信費）リース料等
3、毎月発生するが金額が異なるもの
光熱費（電気・ガス・水道）・電話代等
4、臨時的に発生する支払いで、比較的少額なもの
消耗品・事務用品・打ち合わせ時の飲食代・交際費等
5、臨時的に発生する支払で、比較的高額なもの
ＰＣ関連購入費用・オフィス機器（机・棚等）購入費用・設備や機械購入費用等
※前金を一部支払う場合や、一括で支払う場合と、完了後に支払う場合があります。

その他にもいくつかの支払先に応じた支払内容がありますが、これを実際に支払うにあたり、「手間をかけず」「コストをかけず」「正確に」支払う「方法」を検討するのです。

そして、この支払いにあたり、多くの会社が気になる点が、支払いの際に発生する「手数料」

です。よくある「手数料」のケースとしては、支払先の口座に振り込むために発生する「振込料」です。

金融機関やその支店、振込金額によって料金は異なりますが、この振込料は発生します。

（一部の金融機関では、同一金融機関や同一支店等で振込料が発生しない場合があります）

また、クレジットカードを利用して、税金の支払いをクレジットカード払いにすると、「決済手数料」が発生します。これらの「手数料」をできるだけ抑えたいと考えるのは、自然の流れです。


ところで最近では、多くの金融機関で、窓口業務の縮小やATM設置数の減少があります。これはどういうことかというと、インターネットの普及やPC・スマホ等での利便性の向上により、わざわざ金融機関へ行かなくても、利用者は色々な金融サービスを受けられるようになってきているのです。これは、金融機関にとっては、コストの削減と業務の効率化につながります。窓口業務をすると、その窓口業務を担当している従業員の人件費が発生しますが、これも支払業務を全て機械化・仕組み化すれば、人件費も削減できます。

例えば、振込みをするのであれば、振込料を差別化して、窓口振込みが高く、ATM振込みが窓口より安く、そして、PCやスマホでの振込みがATMより安いというように料金が逓減するようにすれば、利用者は今以上にインターネット決済へ支払方法をシフトします。

そして、会社にとって毎月発生する税金の支払いがあります。それが、住民税や源泉所得税です。一定の会社では、毎月でなく半年に一回の支払いをしている場合もありますが、その支払い方法にも変化が出てきています。

ペイジー（※）やインターネットバンキングはすでに利用されてきましたが、金融機関に税金の納付書をスキャン（読み取り）できる機械が設置され、その機械に納付書を読み込ませると、納税情報が認識され、納税資金を準備しておけば、納税手続きが済ませられるというものです。

インターネットバンキングは設定が面倒で、ペイジーでは対応していない金融機関や税金もあるので、このようなスキャニングできる機械が増えれば、ますます普及することになると考えられています。

（※）ペイジーとは

税金や公共料金、各種料金などの支払いを、金融機関の窓口やコンビニのレジに並ぶことなく、パソコンやスマートフォン・携帯電話、ＡＴＭから支払うことができるサービスです。

（Pay-easy 公式サイト https://www.pay-easy.jp/info/index.html より）

話は戻りますが、先程の各グループの内訳を見ながら、次はどの支払方法が適しているのかを見ていきます。

1、取引先（仕入先、外注の工事業者やコンサルタント等）の場合（業務系）
仕入代金・外注費・広告費・報酬等：現金支払・振込・手形・小切手による決済

2、毎月発生する固定費（管理系）
家賃：現金支払い・自動引落・振込み・（一部クレジットカード決済あり）
人件費：現金支払い・振込み
インターネット関連費用（プロバイダ料・通信費）・リース料等：自動引落又はクレジットカード決済

3、毎月発生するが金額が異なるもの
光熱費（電気・ガス・水道）・電話代等：自動引落又はクレジットカード

4、臨時的に発生する支払いで、比較的少額なもの
消耗品・事務用品・打ち合わせ時の飲食代・交際費等：QRコード決済・プリペイドカード決済・電子マネー・クレジットカード

5、臨時的に発生する支払いで、比較的高額なもの
振込み、手形・小切手による決済

なお、支払先によっては、現金支払いや暗号資産による決済の方が、利便性が高い場合も

ありますので、実際には、個別に支払先へ支払方法の確認をすることになります。このように、支払先・支払内容・支払金額・決済タイミング等に応じて、どの支払方法が資金管理上適切なのかを検討しながら支払いを進めるようにしましょう。

そして、今後も新しい支払方法が登場してくると思いますが、セキュリティ面もチェックしながら、自社にとって効率的な支払い方法を選択するようにしましょう。

第4章

金融機関と
うまく付き合うには

金融機関は取引先であり、良き相談相手

●事業資金を管理する預金口座を開設するのが、金融機関との最初の接点

会社を設立する場合や、新規出店の店舗を開設する場合等には、事業資金について最初にするべきは、事業資金を集めたら、それをどの金融機関に預け入れるのかを考えることではないでしょうか。

日々どれだけの入金があって、どれだけの出金があったのか、紙幣や通貨のみで毎日の入出金を処理していたら、経営者や担当者は、その入出金対応だけで一日の大半を使ってしまうことになりかねません。そのため、日々の入出金管理を金融機関の預金口座を開設することで行おうというものです。もちろん、現金として手元にいくらか持っている場合もありますが、大半は、預金口座に事業資金を預け入れるところから始まります。初めて事業資金を預け入れるのであれば、会社専用の口座を開設することになります。

なお、最初に口座開設をするタイミングは、会社を設立して、その際の株主から拠出された資本金を入金する時が多いです。ちなみに、口座開設時には、謄本（履歴事項証明書）や印鑑証明書、金融機関届出印と預け入れ資金等を用意して、最初に金融機関の窓口に行くことになります。事前に電話連絡等で、口座開設に必要な書類等を確認の上、金融機関を訪問した方が効率的に手続きを進めることができます。

●「会社の預金口座を開設して、相談に乗ってほしい」

今では、インターネット銀行を活用すれば、わざわざ金融機関の窓口に行くことはないかもしれませんが、それでも、インターネット銀行ではなく、窓口で預金口座開設の手続きをしたいと思う方も多いはずです。その理由は後ほど説明します。

金融機関の窓口では、預金口座開設希望の会社の方が来ると、その場で必要書類の記入を求める前に、その場で「当支店で預金口座を開設される理由をうかがってもよろしいでしょうか」と聞かれることがあります。これは、与信の一つでもありますが、その金融機関の支店で預金口座を開設するのであれば、地理的な問題やその後のつながりも金融機関では興味があるのです。

例えば、東京都特別区内の金融機関支店宛に、東京都以外に会社本店がある会社が、その支店でわざわざ預金口座開設をするのはなぜか等、金融機関側から想定した顧客の口座開設の合

預金口座の開設を
はい
当支店で開設されるご理由を教えて頂けますでしょうか？

理性があるか等を確認します。

また、その後に会社が融資を希望するのか、それとも、投資目的で預金口座を持ちたいのか、事業資金の管理のみとして開設するのか、金融機関もその会社の概要を理解し、顧客のお役に立てるようなことも同時に考えているのです。

そして、預金口座を開設すると、普通預金口座であれば、その場で預金通帳を渡され、後日申込みをしたキャッシュカードが会社に送付されます。

預金口座を開設すると、売上げの請求時に取引先へ自社の振込口座を案内して振り込んでもらい、その口座から支払先の口座へ振込処理をすることを繰り返していると、その口座がどんどん動き出します。

その入出金の動きを想定しながら事業資金

を活用していくわけですが、多くの会社では、事業資金に関するいくつもの悩みを持つことになります。

「従業員に給料を振り込む時は給与振込みの扱いになり、通常経費の支払いの際の総合振込みと違うらしいけど、何が違うのだろう」

「家賃を自動引落ししたいけど、どのようにしたらよいのだろう」

「そのうち融資を受けたいけど、どうすれば融資が受けられるのだろう」

「従業員の退職金の積立や生命保険の加入や見直しでも相談に乗ってもらいたい」

事業資金に関する悩みは尽きることがありません。事業資金は、絶やすことがあってはならず、しかも、その事業資金を活用してさらに資金量を増やし、会社の成長・発展につなげていかなければなりません。その事業資金を管理するのに用いているのが、金融機関の預金口座なのです。そのため、事業資金に関する疑問や悩みは、金融機関に聞いてもらいたいのです。

●金融機関は、預金者の利益を考えながら、お互いにメリットのある関係を求めている

預金口座を開設してくれた会社には、金融機関も預金者にとってお役に立てることを提案したいと思っています。事業資金を融資したり、次のような各種金融商品を活用してほしいと思っ

ています。

・経営者や従業員個人として、ローンを活用してほしい。
・経営者や従業員個人の給与振込口座も開設してほしい。
・為替などの国際取引きでも利用してほしい。
・投資信託等の投資商品を購入してほしい。

金融機関も、もちろん商売をしています。利益を追求し、金融機関自身の成長・発展も目指していかなければなりません。そして、金融機関としても、顧客のお役に立ちたいので、可能なことであれば、色々と教えてくれますが、教えるだけではなく、金融機関のその他の商品やサービスを利用してほしいとも思っています。

そこで、金融機関は、事業資金を管理するためにのみ活用しているのではなく、よき相談相手・パートナーとして会社が望むのと同時に、金融機関のその他の商品やサービスを利用できるのかを合わせて検討することも念頭に置くようにしましょう。

なお、会社が求める商品やサービスは、融資関連がメインのケースが多いので、預金口座開設前に、金融機関の商品やサービスの強みと会社が求めるものが近いのかも確認しておきましょう。

また、金融機関によって強みは異なりますが、金融機関は事業資金のプロです。そのプロに色々と教えてもらわない手はありません。会社としては事業資金を効率よく循環させながら預金量を増やしていきたいと思いますし、金融機関としては、より多くの事業資金を預金口座に預け入れて欲しいと思い、そして融資や投資商品等を購入してもらいたいと考えています。

会社と金融機関双方にとって、一方通行の関係ではよくありませんが、お互いにメリットのある関係を築きながら、会社としては、事業資金のことをより学んで、事業の成長につなげながら、金融機関の商品やサービスの購入を検討する方がよいです。

そして、別の項でもお知らせしますが、お互いがよき相談相手・パートナーとしての関係を築きながら、質のよい事業資金の情報をインプットし、アウトプットにつなげましょう。

金融機関とはどのように付き合っていけばよいか？

●金融機関には、色々な種類がある

先程、金融機関はよき相談相手・パートナーと説明しました。そのため、金融機関とは良好な関係を末永く築きたいものです。そこで、金融機関とはどのように付き合えばよいのかという、そもそもの疑問が思い浮かびます。

金融機関といっても色々な種類があり、しかも、支店がいくつも設置されています。そこで、まず、金融機関にはどのような種類があるのかをお知らせします。

・都市銀行：都市を中心として、日本広域に支店があり、幅広い商品やサービスを提供している。

・ゆうちょ銀行：日本郵政グループの一つの金融機関で、日本国内の郵便局を通じて、商品サービスを提供している

・地方銀行：日本の都道府県の多くに本店があり、その周辺に支店があり、都市銀行と比較して、各地方地域に密着して、商品やサービスを提供している。
・信託銀行：通常の金融機関としての業務以外に、主として信託業務を営んでいる。
・インターネット銀行：基本的に店舗を持たず、インターネット上で金融機関としての取引業務を行なっている。
・信用金庫・信用組合：地域に密着した金融機関であり、基本的に、各支店の担当営業地域で商品やサービスを提供している。なお、信用金庫と信用組合は、各々が準拠する法令や会員の資格等が異なる。

その他にも、金融機関はいくつかありますが、実際には、その中でどの金融機関を選んだらよいのでしょうか。

●自社が求める商品やサービスを提供してくれる金融機関にする

金融機関には、各々の強みがありますが、対象としている顧客層も違います。そのため、その強みに応じて金融機関を選定するのが一番です。

金融機関との取引開始前に、融資を実行してくれるのか、金融機関の取り扱う商品やサービスが充実しているのか、その他、会社が求めるニーズにマッチしているのかを事前にチェックしましょう。

●中小企業で事業資金のことをもっと知りたければ、信用金庫・信用組合と取引を始めよう

先述のとおり、金融機関ではターゲットとしている顧客層があります。事業規模や資産規模、そして、金融機関独自のターゲットです。

ところで、金融機関は、今まで統合や再編があって今の経営をしています。従って各々の統合前の金融機関の顧客層は当然異なります。基本的には、顧客はそのまま引き継がれますが、統合や再編前に金融機関との取引きを終了する場合や統合・再編後に金融機関との取引きを終了する場合があります。その中で新たな金融機関のカラーを打ち出すので、多くの面で独自ターゲットができてきます。

しかし、もちろん、金融機関の顧客ターゲットがこちらでは細かく分かりません。しかも、融資という、中小企業が求めるサービスは都市銀行ではハードルがかなり高くなります。すると、融資を受けやすいのは、地方銀行・信用金庫・信用組合になります。一方、事業資金のことを知るには、定期的に金融機関と接する機会があった方が色々なことを聞けます。

会社の経営者や経理・財務担当者と定期的にコミュニケーションを取ることができる金融機関の場合には、その金融機関はその会社毎に担当者を付けます。そして、この担当者を最初か

ら付けてくれる可能性が高いのが、信用金庫・信用組合です。

地方銀行の場合には、担当者を付けて定期的に話をすることができる場合もありますが、全ての会社ではなく、「それなりの」理由がないと、実際には厳しいです。

そのため、中小企業が求めるニーズにマッチする可能性が高いのが、信用金庫・信用組合です。（地方銀行やその他の金融機関がニーズにマッチする場合ももちろんあります）この二つの金融機関は、地域密着を心がけていて、顧客ターゲットも担当地域の個人や会社になります。

ところで、なぜ地域の個人や会社なのかというと、信用金庫や信用組合の多くは、営業担当者が、その担当地域を足で回って、顧客と直接会って、集金をし、営業をします。

そのため、その支店ごとに決められた担当地域の個人や会社がターゲットになるのです。預金者側としては、支店に自ら行くよりは、支店担当者の方が来てくれる方が、手間や時間も省けるので、自然と信用金庫や信用組合と取引きを開始し、口座開設や融資を受けるようになります。

また、営業担当者や支店にも営業成績目標があり、預金者との取引きを通じて営業を拡大することもできるので、信用金庫や信用組合の戦略と中小企業の求めているものがマッチしているといえるでしょう。そのため、自社から近い信用金庫や信用組合で支店を選択しますので、最初はその支店に直接電話をすることになります。

そして、先程の項でも説明しましたが、「預金口座を開設したいのですが」との用件を伝えると、窓口に持ってきてもらうものの案内を受けますが、場合によっては、口座開設前に「御社に一度おうかがいさせて下さい」との話があるかもしれません。

これは、会社の現況調査でもあります。口座を開設する会社が実在し、違法な取引きをせず、健全に経営しているのかを直接見るためのものです。実態のないペーパーカンパニーでその会社の存在自体が疑われる場合や、口座開設をする基準を満たしていないような場合には、金融機関側も既存の預金者を守らなければならないために、場合によっては口座開設を断ります。

そのため、そのような会社か否かを判断する必要があり、取引開始前に金融機関の支店担当者等が実際に訪問して、その目で確かめるのです。そして、問題がなければ、取引開始となります。その際には、営業担当者を付けて欲しいと伝えましょう。そうすれば、営業担当者と定期的にコミュニケーションが取れます。

●営業担当者が訪問してくれる理由を用意する

営業担当者が訪問してくれるといっても、担当者には、既に数多くの顧客が付いています。一日中外出して顧客を訪問して、支店に戻ったと思ったら、すぐに他の顧客訪問をしたりと、多忙を極めています。しかも、四半期決算の月であれば、なおさら多忙を極めます。その担当者がわざわざ訪問してくれるので、会社側も事業資金の活用に関しアドバイスを頂くだけでは、担当者も大変です。

そこで、せっかく来てくれる担当者にとってもメリットがあり、また、同時に自社にとってもメリットのある取引きを検討されてはいかがでしょうか。

なお、その取引きには、次のようなもの等があります。

定期積立：満期日まで、毎月決まった金額を積み立てるものであり、担当者が訪問した際に積み立てる金額を渡して積み立てをする。

売上代金の集金：担当者に会社・店舗の売上代金を集金に来てもらい、預金口座に預け入れてもらう。

保険商品の購入：生命保険や共済などの商品を購入する。

融資：借入をする。

担当者が訪問してくれるには、「それなりの」理由が必要です。最初のうちは、取引きするだけの事業資金があまりないかもしれませんが、そのような時には、支店や担当者に相談して、お互いにとって負担のないつながりを保ち続けるようにしましょう。

● 悩みや相談をぶつけられる金融機関を見つけ、事業の成長スピードを加速させよう

会社設立後は、本当に事業資金の悩みがいくつも発生します。そして、経営者は、その事業資金の悩みをいつも抱えていますが、その悩みを相談できる相手が絶対に必要です。会社の重要な意思決定を最後に下すのは経営者自身ですが、その意思決定にあたり、相談ができる担当者がいるといないとでは、雲泥の差があります。

そのため、事業資金に関する悩みや相談をぶつけられる金融機関を見つけ、事業の成長スピードを加速させましょう。

融資は事業拡大のレバレッジ

● 融資の疑問や不安はこうして解消!

金融機関が会社にとってメリットになることの一つが、融資を実行することです。そして、

会社にとっても、金融機関に求めることの一つが融資を受けることです。

会社にとっては、事業を大きくするためには、レバレッジ（てこ）が利くようにします。モノや人への投資をすることで、対象となるマーケットを拡大し、新たなマーケットを創り出すことができます。そのため、適切なタイミングで事業資金を増やして、かつ、その事業資金を使って売上げを増大し、事業を成長・発展させるのです。一方、金融機関では、預金者から預かった預金を元手に融資を実行することで収入を得て、利益を出します。

低金利の時代ではありますが、今でも融資は金融機関にとっての大切な収入源です。そのため、融資を実行できる会社を探して、その会社に応じた条件で融資を実行します。このように、事業資金の融資は、会社にとっても金融機関にとってもメリットのある取引きですので、この取引きを会社側は活用しない手はありません。

しかし、初めて借入れを申し込むのであれば、心配もあります。

「どのようにすれば、融資を受けることができるのだろう」

「借入れをするには、事業計画書や資金計画表を書くそうだけど、ハードルが高そうだな」

上げればキリがないほど、いくつもの悩みがありますが、誰でも、最初はやってみなければ分からないのです。

今までやった枠組みでずっと行動していては、それ以上の広がりはありません。そこから一歩踏み出すことで、今まで見たことのない世界が広がっているのです。取ってはいけないリスクはありますが、取らなければならないリスクもあります。

チャレンジをすることで、習慣化され、さらに、そのチャレンジが次のチャレンジを生んで、ステージが上がり、事業の成長スピードが増すのです。

事業資金を借りる不安は誰にでもあります。そのような時は、周囲の仲間、そして、金融機関に相談するのです。そして、営業・融資担当者と普段からのコミュニケーションで、会社の状況を知ってもらいましょう。

なお、融資を受けるといっても、すぐには実行されません。金融機関としては、融資を実行できる会社かどうかを判断しなければなりません。預金者から預かった預金の中から貸付けをするのですから、きちんと決められた日に決められた金額を返してもらわなければなりません。

今まで取引きもなく、借入れをした実績のない会社が、急に窓口に「1週間後に500万円必要なので融資して下さい。」と言っても、金融機関としては貸付けを実行するのは厳しいです。

そのため、金融機関の側から見て、会社も融資を受けるにふさわしい会社となればよいのです。それには、重ねてになりますが、日頃から金融機関とコミュニケーションを取って、担当者と話をして、会社の内情を知ってもらい、そして、融資を受けるにあたっての不明点等のアドバイスをもらうのです。

営業担当者は、自社だけでなく、多くの会社を担当しています。その全ての会社の業態や成績を、コミュニケーションを取らずに理解することはできないので、会社の方から担当者に説明し、アピールするのです。先程の「金融機関との付き合い方」の項でもご案内したように、定期的（できれば毎月）に直接会うことができれば、コミュニケーションも深めることができます。

●借入れの話は余裕をもってしよう

融資を受けるには、いくつものプロセスがあります。

・借入れの申込み
・借入申込書類の作成・提出
・融資実行

というのが、会社の方でのプロセスですが、その裏では、金融機関側には多くのプロセスがあります。

借入申込みの話があった場合には、営業担当者は、営業責任者等へ報告し、支店内で対応可能なのかを検討します。そして、その中でゴーサインが出れば、会社に必要書類を作成してもらいますが、この書類作成が整合性の取れた数値構成であり、経営計画の実現可能性が高く、融資を実行しても問題がないといった内容でなければなりません。そのため、書類作成にも関与して、サポートすることになります。

そして、支店内での審査がありますが、営業担当・融資担当が連携しながら、支店長の決裁を仰ぎますが、その融資内容によっては、支店内の決裁だけでなく、本部（本店）の決裁も必要になります。その後、全ての決裁や審査が終わって、やっと融資が実行され、借入れ申込者である会社の口座に実行金額が入金（着金）されます。

もちろん、上記以外にもいくつかのプロセスがあります。そのため、最初はお互いを知り、お互いにとってどのような条件・スケジュールで融資を実行したらよいのかを相談するようにしましょう。

●融資を受けやすい時期がある

金融機関は、融資を実行することで、担当者の営業成績が上がり、そして、支店の営業成績も上がります。各支店は、毎年度、営業目標が設定され、その目標をさらにチームや担当者へ割り振ります。そして、担当者は、目標件数・目標金額を達成するために奔走します。

また、金融機関は、他の業態と同様に、四半期毎に目標設定があり、その目標が全てクリアになるようにしなければなりません。

ところで、3月決算の金融機関が多いですが、この場合、3・6・9・12月の各月は四半期決算月ということもあり、目標達成に力を入れている月でもあります。

（3月は本決算月のため、他の四半期月とは状況が異なります）

そこで、金融機関では営業活動を他の月より徹底し、顧客へ、融資などの商品の営業をするのです。つまり、四半期決算月は、融資に関する営業強化月でもあるため、会社にとっては、その他の月よりは、比較的に借入れを受けやすい時期なのです。

そのため、3・6・9・12月に融資が実行されるようなスケジュールを想定して、担当者へ借入申込みの話をしてみてはいかがでしょうか。

●次の融資も計画しよう

借入申込みの審査が完了し、会社の口座に融資実行金額が着金すると、安心します。その融資金額を活用して投資や必要な経費の支出に充てることで、更なる成果を目指しますが、会社によっては、その後も事業資金が必要になることもあります。

商品のリニューアルサイクルが定期的に発生するような業界であれば、新商品の開発も進めなければならず、その開発・生産にかける事業資金も必要です。そのため、現時点での借入金額の返済計画も十分考慮しながら、次回の借入れ計画も検討しましょう。

そして、その際には、早めに担当者にその旨の話をして、会社の計画を知ってもらい、次回以降の借入れもスムーズに実行してもらうようにしましょう。

融資をポジティブに捉えよう

●事業資金を借りるのはネガティブに捉えられがち

融資を金融機関から受ける時というのは、会社にとっては、「良くないもの」として捉えられることがあります。積極的に融資を活用する会社もあれば、融資に対して消極的な会社があります。どのような会社が融資に対して消極的かというと、「融資はネガティブなもの」と捉えている会社です。

融資ということは、「事業資金を借りる」ということです。「借りる」というのは、事業資金がないから貸してもらうのであり、本来は、自分達がもっと事業資金を稼ぐべきところ、稼げていないのです。そして、稼げていないからそのような状況になったのであって、その状況で事業資金を借りても、「稼げていない時に借りても、返済できないかもしれない」と不安に思います。

事業資金がないから借りる状況であるため、借りても将来返せるはずがないと考えてしまうのです。つまり、事業資金を借りるのは良くないことであって、ネガティブに捉えてしまうのです。

●融資を受ける理由に向き合う！

融資をネガティブに捉えるのは、自然の流れでもあります。会社を存続させるには事業資金が必要でも、融資を受けた金額が返済できなくなって、結局は事業が立ち行かなくなるかもしれないと考える経営者もいます。

十年前と比較しても、現代は事業環境が目まぐるしく変わり、今のビジネスが来年も存続している保証はありません。将来の市場環境を冷静に分析し、会社の軸足をしっかり持っていかなければなりません。そのために融資を受けるのが不安に思われることがありますが、そのような時には、「なぜ、会社の事業資金を融資で増やしたいのか」を考えましょう。

例えば、従業員の稼働率はＭＡＸの１００％であり、売上げも今以上は見込めない会社があったとします。そこで、従業員を一人採用すれば、より稼働率も上がり、その増員分の採用費・人件費を遥かに上回る売上げが追加で上がって、増収増益になるとしたらどうでしょうか。

これに対して、この会社が従業員を増員する場合の採用費・人件費分の事業資金が貯まるのが一年後であり、それを待っていた場合にはどうなるでしょうか。その場合、売上げは現状維持のままで、増収増益を達成できるのは、まだまだ先になってしまいます。

従業員を採用できる事業資金が今あれば、売上げをより多く、そして、それ以上の利益も出せて事業資金も増えるのに、その機会を逃していることになります。しかも、競合相手がいれば、一年後の売上げも保証できません。一年後までに獲得しようとしていた売上げが競合他社に奪われてしまいます。

そこで、そのようなことがないように、事業資金を増やす方法の一つが融資を受けることであるともいえます。

もちろん、借りても返せる見込みがない事業資金計画であれば成立しませんが、成長が見込まれる会社への融資は金融機関も積極的に推進します。

事業資金を借りて事業が成長し、さらに事業資金も増えていくのであれば、融資は会社の成長にとって必要な事業資金調達方法です。

●融資で増えた事業資金を活用して、事業が成長する仕組みを創り出そう

今後の事業の成長スピードを加速させる融資で、事業資金計画上も問題がなければ、融資で増加した事業資金を活かして、更なる売上げを獲得します。そして、その分事業資金も増え、会社の財務基盤が分厚くなります。

例えば、次のような会社の手元資金状況だったとします。

融資前
現金預金：1800万円
借入金：ゼロ

1000万円を借入れすると、融資実行直後は、次のように現金預金と借入金が増えます。

融資実行直後
現金預金：2800万円
借入金：1000万円

そして、この1000万円分事業資金が集まったことで、従業員を1名増員して、一年間で発生する事業資金の増減額を計算すると、
（借入金の返済期間が10年で毎年100万円の元金返済と年間20万円の支払利息及び売上高800万円、給料480万円が発生すると仮定します）
売上高：800万円

給料：480万円
借入金元金返済：100万円
借入利息支払い：20万円
事業資金の増加額：200万円（800万円－480万円－100万円－20万円）

このケースであれば、融資を受けた一年後には事業資金が200万円増えます。

そして、10年後には、事業資金が累計2000万円（200万円×10年分）増え、借入金の返済も完了し、その後は、元金や利息の支払いは発生しません。

もちろん、利益が増えた分の納税や、増員した従業員の昇給等による追加の経費（支払い）が発生し、市場環境の変化で売上高が変動することもありますが、人財投資分の事業資金を融資で確保すれば、事業が成長するチャンスが生まれます。

融資申込み前に様々な角度から融資後の会社の事業計画や事業資金計画を作成して、事業が成長できる構造になっているのかを綿密に検討する必要はありますが、融資によって増えた事業資金を活用して事業資金をさらに増やし、事業が成長する仕組みを創り出しましょう。

●融資は事業の成功確率を上げる

融資を受けるといっても、簡単なことではありません。融資を受けるまでの手続きにかける労力が負担になり、融資の審査が下りるのか心配になる経営者もいらっしゃいます。

また、事業資金がないからといって、借りても返済できる見込みがなく、事業計画の見込みが甘く、借入れ後も売上げが伸びず、ただ経費の支払いが増え、借入金の元金と利息の支払いが続くため、そのうち、借入れした額も売上増につながらずに使い切ってしまうということになってはいけませんので、融資を受けることによる事業の成長を綿密に検証する必要があります。

融資を受けるのは、心身ともにストレスが溜まる場合もあり、また、初めて融資を受ける場合には、よりストレスやプレッシャーがかかります。

しかし、事業の継続のため、事業の更なる成長のためには、融資というのは、成功確率を上げる要素を持っています。ネガティブに捉えてしまう部分は、金融機関の営業担当者や融資担当者に事前に相談し、事業計画をきちんと作成して、融資を受けても問題なく、そして、事業の継続・成長につながることを検証して、そのネガティブに捉えてしまう部分を軽減・解消するようにしましょう。

そして、融資を受けるのをポジティブに考えて、事業の成長スピードを加速させるようにしましょう。

金融機関自身が推進している業務見直しを活用しよう

●Fintech（フィンテック）による金融機関の業務見直し

Fintechという言葉が数年前より広く使われるようになりました。このFintechとは、金融である「Finance」と技術である「Technology」を組み合わせた用語で、金融業界やその他の業界では、この技術を導入して、新な事業の創出や業務の改善を行っています。その中でも、代表的な技術が「ブロックチェーン」です。

ブロックチェーンとは、概して、様々な情報をネットワーク上で分散して記録する技術です。また、この技術は、「分散型台帳技術」とも呼ばれて、ネットワーク上の無数の端末が個別に情報を処理・記録をして、その結果をネットワーク全体で漏れや誤りがないように共有します。そして、今までのような、中央の管理者が全ての情報を集中的に処理・記録して、その結果を端末に伝える技術とは、構造が大きく異なっています。

このブロックチェーンという言葉が世に広まったのは、当時の「仮想通貨」を構築するために考案された技術であったことで注目された点によります。このブロックチェーンは、利便性も高いことから、この技術を他分野に応用する一環の中で、金融機関でも、ブロックチェーンを活用しようという動きが出てきました。

加えて、この技術の場合には、システムの堅牢性・高度のセキュリティ・広範なリアルタイム処理・低コストといった、金融機関側でもメリットのある技術が織り込まれているので、既に、このような技術を導入して、金融業務の見直しが行われています。

● Fintech 以外の要因でも、金融機関の業務見直しが始まっている

Fintech 以外にも、金融機関を取り巻く環境は変化しています。社会経済環境がITとイン

ターネット等を活用して、革新的な進化を遂げています。そのような環境下では、今までは、適正価格とされていたサービスの価値が、効率化や自動化の普及により、その価値が低くなっています。

そのため、金融機関も今までのやり方では収益が上がらず、コストの負担が重くのしかかってくるようになり今までのやり方では通用しなくなってきました。これは、どのような業界においてもあてはまりますが、変えずにいるべきところは変えずに、変えなければいけないところは速やかに変えていかなければ淘汰され、会社としては存続できなくなってしまうのです。

例を挙げると、音楽業界であれば、昔は音楽ＣＤやライブビデオなどの販売収益がありましたが、今では、楽曲や映像配信がインターネットからできる仕組みが浸透し、ＣＤやビデオを見かけることも少なくなりました。そのため、ＣＤやビデオ制作業界の規模は縮小し、その制作に関与していた会社の中には、今では業態転換しているところも多くあります。

どの業界も、今の、そして、これからの時代に「正しい対応」をしなければなりません。そして、金融業界ももちろん、例外ではありません。そこで、金融機関は、新たな試みをするだけではなく、次のように、今では当たり前のように行っていた業務を効率化・自動化等をしながら見直す動きが出ています。

1、窓口業務の縮小

2、顧客の金融機関への来店機会の減少

3、ＡＴＭの減少・納付書読み取り機の設置
4、新たな顧客層の開拓

これは、顧客が求めているサービスを提供しながらも、今の時代では必要ないリソースは最小限にし、又は、なくして、コストの削減と業務の効率化を図っています。メガバンクと呼ばれている金融機関でも、過剰なサービスや不要なサービスとなっているものもある一方で、人件費も従来通りの高水準では採算が取れません。

事業として成立させるには、行員の意識改革はもちろん、業務の見直しも積極的に行っていかなければなりません。

一方、金融機関が業務の見直しをするのであれば、顧客側である会社も、それに合わせた対応に切り替え、そして、効率的に活用していくようにする必要があります。今まで、そして、これからも金融機関とのつながりを求めているならば、これからの金融業界の動向に合わせた対応をしていくことは大切です。

●会社が金融機関を活用できる事例

1、インターネットバンキングのより一層の活用
預金口座の入出金明細の確認にあたり、

「今、口座に残高がいくらあるのだろう」
「そういえば、取引先からの売上代金は振り込まれたかな」
といったときに、金融機関に通帳を持参して、ATMで通帳を記帳していることが多いと思います。

しかし、実は、通帳をわざわざ金融機関に持ち込んでATMで通帳記帳をしないと残高や入出金明細を確認できないということはなく、インターネットバンキングを使えば、WEB上で入出金の明細や口座残高も見ることができます。

また、振込手続きでも、インターネットバンキングの方が振込料を低く抑えられます。多くの金融機関では、次の順で振込料を高く設定しています（①が一番高く、②・③といくにつれて安くなっていきます）。

①窓口での振込料
②ATMでの振込料
③インターネットバンキングでの振込料

この振込料の料金設定で考えると、金融機関側が関わる人員や設備・システムにより、料金設定が変わります。

・窓口の場合：行員対応あり＋金融機関備え付けのシステム利用あり

・ATM：行員対応なし＋金融機関備え付けのシステム利用あり
・インターネットバンキング：行員対応なし＋金融機関備え付けのシステム利用なし

インターネットバンキングという無人のシステムを使えば、コストや時間が金融機関では削減できるので、手数料も安く（場合によってはゼロ円）抑えられるのです。

なお、この留意点は、インターネットバンキング手数料が発生することです。月々約数千円のコストが発生し、会社側としては、このコストを支払っても、メリットが享受できるのかを検証する必要があります。

2、税金・公共料金等払込票の自動読み取り機の活用
今までは、毎月又は定期的に支払いが発生する税金の納税や公共料金等の支払いを金融機関で行う場合には、利用者側では次のデメリットがありました。

・窓口では時間がかかる。
・ATMで支払いができる税金や公共料金の種類が限られている。
・インターネットバンキングを活用するとしても、金融機関へインターネットバンキング手数料を月々支払わなければならない。

そこで、一部の都市銀行では、新たに開始したサービスとして、利用者側の悩みを解消するために、窓口営業時間に限り、税金・公共料金等払込票の自動読み取りをして、支払いを済ませることが可能な機械を設置しました。

これにより、利用者側は、わざわざ窓口に並ばずに支払手続きができ、金融機関側も、窓口業務の混雑解消による業務効率化を実現できています。

●金融機関自身が推進している業務見直しは、積極的に活用

上記のように、金融機関自身のコスト削減や業務の効率化と、利用者側の利便性の向上とコスト削減につながるような業務の見直しをこれからも推進していきます。

そこで、金融機関の新たな取組みを会社側が活用できる方法はありますので、業務の効率化や事業資金を節約できる金融機関のサービスがありましたら、ご利用を検討されることをおすすめします。

第5章

税金を知ることで、効率的な事業資金の使い方が分かる

会社に関係する税金の種類

●事業資金のうち、納税額がどのくらい発生するのか

通常の事業活動で発生するもの以外に、事業資金を管理する上でおさえておきたいのが税金です。税金は、事業活動を行っていれば発生してくるものであり、経営者は納税に頭を悩ませます。出てきた利益の中から、たくさんの税金を支払うことになると、多くの経営者は切なさを感じます。

一生懸命に集客や商品・サービス開発を頑張って、その汗と涙の結晶として獲得した売上げから貯めることができた事業資金を手放すことになるのです。法律で定められたことだとしても、なかなか割り切れるものではありません。

しかし、必ず納税は迫ってきます。それに対処するためには、税金のことを知って、どれだけ納税資金が出ていって、どれだけ残るのかを考えましょう。そこで、納税はなぜ必要なのか、

そして、その納税が必要な税金には、どのような種類があるのか等につき、後述します。

●税金は日本で事業をするために必要な経費

先述したように、税金は毎年発生します。たとえ頭の中では分かっていても、実際に税金を支払う段階になると、

「もったいない。このお金があれば、もっと他に活用できるのに。」

「なぜ、こんなに多くの税金を支払わなければならないんだ。」

と思います。

事業資金を使う時は未練を持たず、気持ちよく送り出してあげる必要がありますが、そのように送り出すのは経営者としては難しいです。そこで、事業資金は使うことで戻ってくると先述しましたが、税金の場合もそのように考えてみてはいかがでしょうか。つまり、

「税金は、日本で事業をするために発生する必要経費だ。」ということです。

日本は、他の外国諸国から比較すると、社会インフラや生活環境は安全・安心であり、治安もよく、経済環境も整っていて、事業をするには最適な環境だといわれています。

海外のある国では政情が不安定で、物価変動が著しく、日本では当たり前となっている、インターネット等の通信環境が整備されていない地域もあります。そのような地域では、事業を継続・成長させるのは大変なことです。

もちろん、低税率国といわれ、日本と比較してかなり税率が低い国へ移転して、事業をする日本法人もありますが、「実際に」事業をするには、日本という国がどれだけ恵まれた環境なのかということを考えてみてはいかがでしょうか。

インターネットを初めとしたインフラも整備され、事業を行う拠点の事務所や店舗もたくさんあり、移動するための交通手段も整っており、物価もある程度の範囲内で安定していて、治安もよいので、集中して事業に打ち込めます。

なぜ、このようなことができるのかというと、日本国内での行政サービスが素晴らしく、インフラへの投資など、事業を取り巻く環境を日本が整えてくれているからです。

そして、そのためには、たくさんの税金が必要となります。税金は、納税した会社にダイレクトにそのまま見返りがあるのではなく、税金の使途によって、最終的に会社に還元されているのです。このように、税金は日本で事業をするために発生する必要な経費だと考えてみてはいかがでしょうか。

●どのような税金の種類があるのか

税金は、日本で事業をするために発生する必要な経費であるとした場合に、法人に関わる税金にはどのようなものがあるのでしょうか。

ここでは、どのような税金の種類があるのかにつき取り上げていきます。

1、利益（所得）に対して課税される税金
①法人税
②事業税

2、法人税に対して課税される税金
①地方法人税
②法人税割

3、事業税に対して、課税される税金
特別法人事業税（令和1年10月1日以後に開始する事業年度より創設（令和1年9月30日以前に開始する事業年度では、地方法人特別税があったが廃止））

4、規模等に応じて課税される税金
均等割

5、消費活動（資産の譲渡・貸付け・役務の提供等）に対して課税される税金
消費税・地方消費税

6、所有する設備や不動産等に対して課税される税金

固定資産税・都市計画税

7、所有する自動車・軽自動車に対して課税される税金

自動車税

軽自動車税

なお、売買で取得した際発生していた自動車取得税が、令和1年10月1日からは廃止され、「自動車税環境性能割」というものに変更になりました。

8、一定の文書に対して課税される税金

印紙税

9、その他

事業所税・酒税等、その他、多くの種類の税金がその課税の対象となるものに対してかかります。

このように、法人の利益（所得）に対して課税されるものや消費活動、所有物等に対して課税されますので、自社には、どのような税金を納めなければならないのかをおさえておきましょう。

●法人の確定申告では、どれくらいの税金が発生するのか

法人の場合には、毎年確定申告でいくつかの種類の税金を納税していますが、自社の場合には、納める税金がどのように計算されているのか、興味があると思いますので、ご参考までに、先述の1から4の項目の税金の計算がどのようになるのかにつき、次のとおりご案内します。（今回のご案内は、あくまでもサンプルとなります。税制改正やその他一定の法律の規定により、税率・計算方法等が異なる場合がありますので、自社の実際の計算は、税理士等の専門家にご確認下さい。）

例：
事業年度：平成31年4月1日から令和2年3月31日
従業員数：10人
資本金：3000万円

会社形態：株式会社（普通法人）の場合
利益（所得）：300万円

法人税：300万円×15％＝45万円
地方法人税：45万円×4.4％＝19800円
事業税：300万円×3.4％＝102000円
地方法人特別税：10万2000円×43．2％＝44064円→44000円
法人税割：45万円×12．9％＝58050円→58000円
均等割：70000円
合計：74万3800円

●一年間でどれだけの税金が発生するのか

会社では、一年間で色々な種類の税金を納税します。そして税金の種類によっては、納税しなくてよい税金や毎年納税額が変わる税金もあります。そのため、会社の業績等によって、毎年の納税額が変わる場合がありますので、納税額がどのくらい発生するのかを事前に試算しておきましょう。

納税により会社の事業資金が減りますので、この分も会社の事業資金計画に織り込み、納税

資金が不足しないように気を付けましょう。

合法的な節税をし、事業資金を残す

●節税・脱税・租税回避

税金を納める場合には、事業資金はその分出ていきます。先述したように、納税は会社が日本という国で事業を行うために必要な経費を国や地方に支払っているという風に考えればよいですが、その場合でも、余分な税金を支払ってはもったいない、または、可能であれば、少しでも納める税金を減らしたいと考えるはずです。

そこで、納める税金をできるだけ少なくしたいと多くの会社は考えますが、税金を少なくしたいと思う時に知っておいて頂きたい言葉があります。それが、「脱税」「租税回避」「節税」です。それでは、各々について説明します。

●脱税は法律違反

脱税というのは、本来は支払わなければならない税金の全部または一部を違法に免れる行為です。そして、この免れるというのは、「偽りやその他の不正行為」によって、意図して計画的に、法律にも違反して納税をしないことになりますので、絶対にやってはいけません。

新聞やテレビ・インターネットなどのメディアでも、たまに脱税事件が取り上げられます。

脱税は犯罪です。納めるべき税金を納めていないため、税法上、そして、その他の法令でも罰せられ、重い罪が課されます。そのため、重ねてになりますが、脱税は絶対にしないで下さい。

●租税回避は節税とは異なる

租税回避とは、概して税制に関する法律や国等の行政が意図しない方法で、経済的な合理性が認められない取引を行って、税金の負担を減少させるものです。

例えば、通常の取引きとは相違する異常な取引きを行っても、通常の取引きと同じ様な経済的効果が得られるようにすることで、税金の負担を減少させるようなものです。いわゆる、「法の抜け道」を作るということです。

先ほどの脱税と同様に、租税回避も用語の定義が決まっていませんが、租税回避についても、その言葉どおりのイメージがありますので、税制の法律等からは、この租税回避行為を防止する規定が設けられています。

●節税は合法的対策

節税というと、先ほどの脱税や租税回避とは、違ったイメージがあります。節税は、概して、税制等の法律で規定されている範囲の中で税金の負担を減少させるものです。そのため、多くの税金に関する書籍では、この節税に関するテーマが取り上げられていますが、節税はその目的を十分に把握して行うようにしましょう。

ところで、節税というワードは、よく触れる機会があると思います。税金を節約して納税するというイメージを多くの方が持っています。そして、「合法的に」という前提があります。ほとんどの会社がこの節税を実行されようとしていると思いますが、何を以て節税というのかをこれから掘り下げていきます。

●節税には、いくつかの方法がある

合法的に節税できるのであれば、できる限り活用して、納税の金額を減らしたいはずですが、節税といわれているものの中には、次の二つの方法が取り上げられることが多いです。

1、課税の繰り延べ

これは、概して決算で計上される利益を一時的に減少させる処理ですが、課税の繰り延べをしたことによる利益額と課税の繰り延べをしないことによる利益額が、中長期的な視点では一致するのです。例えば、数年間にわたって経費として計上すべきところ、合法的に最初の年度にその経費全額を一括して経費として計上するのです。

2、永久的な減税

合法的に税金を減らして、将来にわたって、その分の税金の負担が発生しないものです

それでは、この二つの節税についてご案内します。

●「課税の繰り延べ」とは

課税の繰り延べは、その言葉どおり、今は税金を支払わなくても、将来にわたってその分を支払うようなものです。これは、支払うべき納税を今後数年間にわたって繰り延べて支払うようなケースです。

このケースの場合には、最初に多く経費として計上したとしても、次の年以降は経費が少なくなり、利益が多く計上されることになります。トータルとしては、経費の金額は同額でも、その経費は前倒しで計上されて最初の年度は納税が抑えられても、その後に納めるべき税金が発生するのです。この場合だと、

「結局は、どちらも納める税金が一緒だから、課税の繰り延べは意味がないのじゃないか」と思われるかもしれませんが、果たしてそうでしょうか。

課税の繰り延べをすれば、最初は、経費が多く計上され、利益は抑えられます。その場合、

会社に適した節税で

最初の年度の税金は少なくなり、支払う事業資金も抑えられます。すると、会社の事業資金はその分残ります。それから、その残った事業資金を「元手」にして事業活動をするのです。

営業やマーケティング・商品開発をするにしても、事業資金はいつでも必要です。

この事業資金を手元に残しておける金額が多ければ多いほど、成長のチャンスがあります。そして、最初の年度の課税の繰り延べによって残った事業資金を使って、さらに事業資金を増やすのです。

そして、事業資金を増やすペースを早くすることができれば、翌年以降に課税の繰り延べの影響で納税額が増えてきても、事業資金の効率的な活用という点での課税の繰り延べをした意義があります。

それでは、この課税の繰り延べについては、どのような方法があるのでしょうか。税法上はいくつかありますが、今回は、「特別償却」という制度をご紹介します。これは、税法上の要件を満たしていれば、一定の資産を購入使用した場合には、本来は、数年間にわたって費用処理（償却）すべきところ、購入使用した初年度に全額費用として計上できるというものです。

なお、課税の繰り延べを採用する際の注意点としては、将来の税制改正等により、税負担が当初想定していたよりリスクが高まる等の留意点をおさえる必要がありますが、効果的に活用すれば、事業資金を増やすことつながります。

●「永久的な減税制度」の活用

課税の繰り延べは、将来的に税金の支払いが発生するため、税率等が変更しなければ、トータルの税金は同額になりますが、それ以外の節税といわれるものに、永久的な減税制度の活用があります。これは、合法的に税金を減らして、将来にわたって、その分の税負担が発生しないものです。これには、どのようなものがあるのかというと、「税額控除」制度などがあります。これは、税法上の要件を満たせば、法人税等の一定割合の税金を永久的に減額するというものです。

先ほどの課税の繰り延べ制度と異なり、事業資金の効率的な活用以外にも、納税額の永久的な減少による事業資金の増加につながるというメリットがあります。なお、法律上、所定の要件に合致しなければなりませんので、必ず、要件に当てはまるのかを、課税の繰り延べ制度と同様に、税理士等の専門家に確認して進めるようにしましょう。

以上のように、脱税・租税回避・節税の違いを理解して、法律上認められている会社の税金が減らせる方法があるのか検討して、合法的な節税をして、会社の事業資金をできる限り残すようにしましょう。

業績が上がっている時の決算対策とは

●業績が上向いてくると、多額の納税が発生するのか？

業績が順調に上向いてくると、決算の前に心配事が出ます。「こんなに利益が出ると、税金の支払いがたくさん出てしまうかもしれない」事業が成長・拡大して利益が出ることは喜べても、せっかく稼いだ利益から貯めた事業資金を納税資金に使うのはもったいないと感じます。

そこで、決算対策の一つとしてよく取り上げられるのは、

「税金で持っていかれるのなら、経費をたくさん使って利益を少なくしよう」

という考えが出てくることがあります。

もちろん、事業として必要な経費を適切なタイミングで計上しているのならよいのですが、実際にはそうではないことがあります。

●税金は、利益の100%を持っていかれるわけではない

決算対策のために、あまり使用する機会がない備品を買ったりすると、どうなるでしょうか。すると、経費を計上した分だけ利益が減り、税金も減ります。しかし、一方では、事業資金もその分減ってしまいます。

例えば、利益が1000万円出た場合を例にして説明します。利益に対して課税される税金の率が30%だとした場合、利益が1000万円であれば、300万円が税金の支払いに充てられ、事業資金としては、700万円が残ります。

これに対して、1000万円の利益をおさえるために、900万円の経費を使った場合には、どうなるでしょうか。この場合には、利益は100万円になりますが、事業資金が900万円減ってしまいます。そして、利益が100万円だけであれば、これに対して30%相当の30万円

を税金で支払いますが、結果として、70万円しか利益が残らず、事業資金もそれだけしか残りません。

この二つのケースでは、どちらが事業資金の効率的な活用に適しているのかは、一目瞭然のはずです。納税を減らすために採用した決算対策の結果として、事業資金が減ってしまっては、元も子もありません。

先述しましたが、税金は、会社が日本で事業を行うために発生する必要経費としても考えられます。もちろん、税金を多く支払っても、会社の環境がすぐ何か変わるわけではないため、必要経費として考えるのは難しいと思います。

しかし、納税の額を減らすために、大切な事業資金を、重要度や緊急度が低い経費に使ってしまっては、事業の成長にはつながりません。そのため、決算対策のためだからといって、やみくもに経費を出すのはおすすめしません。

そうしたいのであれば、

「決算で想定以上の利益が出た場合には、以前から厨房設備の老朽箇所の修繕の発注をして、決算期末までに、修繕が完了してもらうように手配しよう」

といったように、事前に計画を立て、会社にとって重要度や緊急度が高い、又は、費用対効果の高い決算対策をするようにしましょう。

このように、税金は、利益に対して課税される場合でも100%の税率で課税されるわけではないので、税金対策で多く経費を出そうとしても、かえって、マイナス効果になってしまうこともあるのです。そのため、決算対策として、経費を計上するにしても、事前に計画していた、会社にとって重要度や緊急度が高い、又は、費用対効果の高い支払いに充てるようにしながらも、できる限り事業資金が残るようにしましょう。

●従業員へ決算賞与を支給するという方法もある

決算対策として、経費をできるだけ計上するにしても、会社全体の士気が向上するような経費であれば、今後の事業にもプラスになります。そのケースとして、よく使われるのが「従業員（使用人）への決算賞与」です。

この決算賞与は、業績向上に貢献してくれた従業員に報いるために、決算で利益が出ることが見込まれる時によく支給されるものです。この方法であれば、利益も抑えられ、従業員も喜び、勤労意欲も高まり、会社の事業活動にとってプラス効果があります。そして、この決算賞与の計上にあたっては、法律上の要件をクリアする必要があります。

なお、その従業員への賞与（使用人賞与）の支給に関する要件は国税庁ホームページで次のように記載されています。

国税庁タックスアンサーより一部省略等の上抜粋

〝使用人賞与の損金算入時期
法人が使用人に対して支給する賞与の額は、次に掲げる賞与の区分に応じ、それぞれ次の事業年度の損金の額に算入します。（使用人兼務役員の使用人分賞与を含みます）
①労働協約又は就業規則により定められる支給予定日が到来している賞与（使用人への一定の通知要件が必要です）
その支給予定日又はその通知をした日のいずれか遅い日の属する事業年度
②次に掲げる要件の全てを満たす賞与
使用人にその支給額の通知をした日の属する事業年度
イ　その支給額を、各人別に、かつ、同時期に支給を受ける全ての使用人に対して通知をしていること。
ロ　イの通知をした金額を通知した全ての使用人に対しその通知をした日の属する事業年度終了の日の翌日から1か月以内に支払っていること。
ハ　その支給額につきイの通知をした日の属する事業年度において損金経理をしていること。
③右記①及び②に掲げる賞与以外の賞与
その支払いをした日の属する事業年度〟

＊タックスアンサー No.5350 使用人賞与の損金算入時期
参考条文：法人税法施行令第72条の3、法人税法基本通達9－2－43～44＊

また、留意点ですが、この取扱いは、従業員に対してのものです。そのため、役員賞与や使用人兼務役員の役員分賞与については、税法上、経費（損金）として認められない場合がありますので、ご注意下さい。

●決算対策はお早めに

154ページで述べたの従業員への決算賞与以外にも、決算対策が可能な処理がいくつかありますので、自社にとって有効な対策を選択して取るようにしましょう。また、決算対策をするといって、決算月にそれを行っても、間に合わないこともあります。

毎年、決算月には、日常業務以外にやらなければならないことが山積みになり、そのような中で決算対策をいざしようと思っても、間に合わないことがありますので、会社としては、できる限り決算対策項目を早めにリストアップし、年度の見込み利益を計算しながら、実行の可否を検証する時間を設けて、余裕を持って決算対策を進めましょう。決算対策をうまく進めると、事業資金を少しでも多く残すことにつながります。

消費税の負担を考えながら行動する！

●消費税増税の影響で、事業資金が減らないようにしよう

税金の種類は、色々ありますが、先述した税金の中でも負担が大きく、そして、気を付けなければならないのが「消費税（地方消費税を含みます。以下同じ）」で、令和1年10月1日から、その税率が、8％から10％にアップすることになりました。

（一部の取引きについては、軽減税率制度の適用があります）

消費税は、概して「消費」という活動一般に対して課税するものであり、法律で規定されている、資産の販売や貸付・役務の提供に対して課税され、「間接税」と呼ばれています。

これは、納税をする会社と実際に税金を負担する会社が異なるのです。

例えば、A社がB社から材料を仕入れる時に、税抜価格100万円のものであれば、消費税10％相当の10万円を加算した110万円をA社がB社に支払います。この取引きによって、実際に消費税を負担しているのは、材料を仕入れたA社です。

そして、材料を販売したB社で消費税込み110万円の売上げが計上され、このうちの消費税10万円をB社が申告して納税するのです。（実際の計算では、納税額は所定の方法により計算されますが、ご説明の都合上、一部簡略化しています）。

このように、実際の消費税の負担者はA社でも、その分の納税をするのは、B社です。これが間接税と言われる所以です。ちなみに、この間接税には、その他に酒税やたばこ税があります。

また、この消費税ですが、実際の負担者にとっては、消費税分も含めて事業資金の流出があります。先ほどの例では、材料を仕入れたA社は、110万円の消費税込みの仕入代金を負担しています。

ところで、A社は、売上げを得意先に対して請求する段階で、消費税抜き300万円の代金で消費税30万円を上乗せして請求するとした際に、「取引先に330万円で請求したら高いので、次回から取引してもらえなくなるかもしれないから、消費税が増税する前の税率8％分の24万円を加算した324万円だけで請求しよう」としたら、どうなるのでしょうか。

A者が納税する時は次の計算式になります。

（消費税は、原則的には、預かった消費税から、支払った消費税を差し引いて納税します）

取引先に対して330万円で請求した場合
330万円×10／110－110万円×10／110＝20万円

取引先に対して324万円で請求した場合
324万円×10／110－110万円×10／110＝19・4万円（千円未満切り捨てと仮定した場合）

このように、請求金額を少なくしてしまうと、当たり前のことですが、その中に含まれる消費税分だけ納税金額は減ります。

しかし、事業資金がどれだけ手元に残るのかというと、
取引先に対して330万円で請求した場合
330万円－110万円－20万円＝200万円
取引先に対して324万円で請求した場合
324万円－110万円－19・4万円＝194・6万円

というように、請求金額が少ない方が、事業資金は少なくなってしまいます。

これをずっと続けていたら、どうなるでしょうか。どんどん事業資金が減ってしまいます。

もちろん、一方で、「競合が多くて成約するのも大変なのに、今まで以上に増税分の請求なんてできない」という声もあります。

筆者も経営者ですので、取引価格に対しては真剣に考えます。増税分を売上金額に反映できないと、実質的な値下げになってしまいます。この実質的な値下げの取引きをずっと続けていったらどうなるでしょうか。手元の事業資金はますます減ってしまいます。

そのため、大変なことではありますが、消費税分もきちんと上乗せして請求できるように検討されることをおすすめします。

●事業計画書を作成するときには、消費税の負担も考慮する

消費税の増税による事業資金の減少がないようにしなければなりませんが、事業資金計画を作成される時にも、消費税分を考慮するようにしましょう。

例えば、毎月の売上見込み額が、消費税抜き300万円で、仕入見込み額が消費税抜き100万円の場合には、

消費税込みでは、

売上げ330万円
仕入110万円
利益220万円
となります。

すると、220万円が利益だとしても、そのうちの20万円は、納税すべき消費税です。
そのため、消費税込みで事業計画書を作成する場合には、次のようなにすることをおすすめしています。

売上げ330万円
仕入110万円
消費税20万円
利益200万円

このようにすれば、消費税抜きベースでの利益がいくらで、どれくらいの消費税の納税が発生するのかが分かります。

ちなみに、消費税抜きで事業計画書を作成する場合には、

売上げ３００万円
仕入　１００万円
利益　２００万円
となります。

消費税込みと消費税抜きのどちらでも、結果として利益は同額となりますが、利益の計算過程で消費税の納税見込み額も合わせて把握したい場合には、消費税込みで事業計画書を作成してみてはいかがでしょうか。

● キャッシュレス・消費者還元事業の活用もしよう

令和１年10月１日から消費税が増税になりましたが、それに合わせて、令和２年６月30日までの期間限定ですが、キャッシュレス決済をした場合には、５％または２％のポイント還元制度が実施されています。

制度の詳細は、下記経済産業省ホームページに掲載されています。

https://cashless.go.jp/assets/doc/gaiyou_cashless_kessai.pdf

なお、ポイント還元率は、制度上の中小・小規模事業者として定義されている店舗等での購入の場合には5%で、フランチャイズ展開をしている店舗等での購入の場合には、店舗によっては2%となり、ポイント還元を実施している店舗では、その旨を掲示しています。

また、キャッシュレスの決済手段には、次のもの等があります。

・クレジットカード／デビットカードによる決済
・電子マネーによる決済
・QRコードによる決済
・モバイル決済

そして、ポイント還元によるメリットを数値例で示すと、次のようになります。

消費税抜き1万円の商品を購入した場合（ポイント還元率が5%での店舗で購入した場合）
消費税込みの購入金額は1万1000円
↓
ポイント還元は550円（1万1000円×5%）
↓
実質的な負担額は、1万450円（1万1000円－550円）

となります。

すると、実際には、消費税増税前の8％の税率での消費税込み金額1万800円（1万円×1.08）と比較すると、

350円（1万800円－1万450円）

安く購入できるのです。

キャッシュレス決済が可能で、対象店舗で対象商品を購入すれば、事業資金上のメリットがあるのです。

これを活用しない手はありません。期間限定の制度ではありますが、キャッシュレス決済による利便性の向上というメリットもありますので、是非活用しましょう。

毎年の税制改正をチェックして、必要な納税資金を事前に確保！

●税制改正は毎年ある

毎年、メディアでは税制改正が取り上げられますが、この税制改正というのは、どのようなスケジュールで決まるのかにつきご案内します。なお、実際には各省庁内での審議や税制調査会内での議論や、与党内、国会等での多くのプロセスを経て決定しますが、その年の状況によりプロセスやスケジュールが変更となる場合があります

夏頃：各省庁から「税制改正要望」が提出されます。

これは、各省庁が、翌年度の税制に関して、財務省へ「要望」という形式で提出します。

（その後、与党税制調査会で要望が取りまとめられます）

↓

12月頃：与党から、「税制改正大綱」の原案が発表されます。

これは、各省庁からの「税制改正要望」を受け、与党税制調査会メンバーがその要望内容を

審議して、細部において具体化されたものです。

←　12月下旬頃：来年度予算案と一緒に閣議に報告された「税制改正大綱」の原案が閣議決定されます。

←　1月下旬から2月上旬頃：「税制改正法案」が国会へ提出されます。この「税制改正法案」は、国税については財務省が、地方税については総務省が改正法案を作成することとなっています。

←　3月31日までに：衆議院と参議院で審議された「税制改正法案」が成立・交付されます。

←　4月1日：「税制改正法案」が施行されます。

ところで、なぜこうも毎年税制改正が取り上げられるのでしょうか。それは、税制は、現在、そして、将来の世の中の状況や国内経済・国際経済等を鑑みて、社会保障や公共事業等の歳出のための国の歳入確保等をするために税収をどれくらいのものにするのかを考えながら、毎年あるべき税制とするために変わるのです。例えば、現在や将来の世の中の状況では、どのよう

なことを鑑みているのかというと、

・共働き世代の拡大
・少子高齢化
・タンス預金などで眠っている財産の活用
・国際間取引の多様化（インターネットを通じての取引等）
・事業承継

その他にも多くの項目がありますが、数年前と比較しても、世相も違えば、経済情勢も全く違います。そのような中で、税制が毎年変わらないということは国民一人一人、全ての会社・社会にとってプラスとならない面もあり、そして、国の財源の安定した歳入・歳出が確保できません。

そのため、税制改正は、ある意味、今の状況をサポート・改善する意味での国からのメッセージと捉えることもできるのです。

●自社を取り巻く税金を意識する

税制がこのような背景で改正されるのであれば、自社を取り巻く環境によっては、税制改正が自社に影響することも十分に考えられます。そのため、自社に関係する改正をおさえることはもちろんですが、自社の環境が変化してくると、税制が変わる可能性もあります。
税制の動向を追えば、納税のための事業資金を確保しなければならないことも分かり、また、税制の内容によっては、今までの税負担より少なくなるメリットもあるかもしれませんので、そのような制度は、積極的に活用するようにしましょう。

● 毎年必要な「納税見込み額」を事前に計算して確保する

現在の税法と税制改正の項目をチェックすると、その年度にどのくらいの税金の支払いが発生するのかが分かってきます。最終的には、事業年度が終了して決算数値が確定してから正確な税金の額が分かりますが、通常は、それよりも早く年度の決算数値見込額を算定しながら、事前に税金の見込額を計算します。

なぜ、早めに税金の見込額を計算した方がよいかというと、

・なるべく早い段階で税金対策をするため
・税金の納付期限までに納税資金を事前に準備しておくため

などということが挙げられます。先述したように、決算月に税金対策をするようでは間に合わなかったり、納税額が想定以上に多かったりと、その納税資金を確保するのが間に合わなかったりしたら大変です。

そのため、「見込み」で納税見込額を算定するのです。あくまでも、その時点の「見込み」

なので、翌月になったら、その「見込み」を修正すればよく、そのサイクルを繰り返していくと、その精度が上がり、事前対策ができるのです。

●納税資金を確保する仕組みを作る

納税資金を確保するといっても、一年近く先に備えて、事業資金を全く使わずに、手元に置いておくのは非効率です。そのため、税金を納める期限までに納税資金があればよいのですが、その納税資金がはたして税金を納める期限近くには手元に残っているか保証できません。

そこで、事業資金に色を付けるという感覚で納税資金を確保する仕組みを作りましょう。

確保する方法はいくつもありますが、そのうちの二つをご紹介します。

1、納税準備預金の活用
その名のとおり、「納税準備」のために設けられた預金口座です。多くの会社は、当座預金や普通預金などを開設されますが、この納税準備預金口座を開設するケースは少ないです。この預金は、金融機関が取り扱っているもので、税金の納付を目的とした資金を預け入れるための預金口座です。

そして、この預金口座開設には次のメリットがあります。
・預金利息から所得税等の税金が控除されません。

これは、預金利息の入金の際には、通常は所得税等の税金が控除されるのです。しかし、納税準備預金の場合には、この税金が控除されないのです。しかも、金融機関によっては、他の預金と違って、金利が若干優遇される場合もあります。

一方、納税準備預金ならではの次のような制約もあります。
・原則として、引き出しは、税金の支払いに充てるために限られます。
もし、税金の支払い目的以外の目的で引き出すと、預金利息から所得税等が控除され、利率が優遇されない場合があります。
納税準備預金という名目のため、あくまでも納税のために活用することになりますが、事前に確保したい場合にはご検討されてもよいと思います。

2、納税資金分の定期積金への預け入れを行う
信用金庫や信用組合では、会社が開設した定期積金口座への預け入れのために毎月集金するケースが多いです。この定期積金は、積立期間が決まっていて、1年や5年等の一定の期間で、毎月一定額を積み立て、満期になると引き出すというものです。この満期引き出しに合わせて、その他の預金口座への預け入れを行なうケースもあれば、まとまった支払いに充てることもあります。

そこで、税金の納付の前に満期がくるようにタイミングを合わせて、積み立てるのです。
例えば、税金の納付が120万円必要だと見込んでいる場合には、満期日が納期限近くになる1年満期の定期積金を毎月10万円積み立てるのです。すると、1年後には120万円が積み立てられていて、満期利息も付き、その預金額を税金の支払いに充てるのです。

納税準備預金は満期がなく、引出しに制約がありますが、定期積金であれば、満期があり、引き出しにあたって、納税準備預金のような制約はありません。

これら以外にも、納税資金を確保する仕組みはいくつもありますが、事業資金の使用目的の優先順位を決めながら、納税資金を確保して、税金の納付をスムーズに行うようにしましょう。

第6章

豊かさの実感は、事業資金のストレス解放から！

事業資金に対するメンタルブロックを外そう

●事業資金の活用には、経営者のメンタル部分が作用する

・事業資金が手元にある。
・事業資金が入ってくる。
・事業資金が出ていく。
・事業資金が貯まる（減る）。

会社の業態や業績によって、各々の入出金取引の頻度や金額の大小は異なりますが、今の金額プラス入金額マイナス出金額イコール残った金額という算式は成り立ちます。経営者や経理・財務担当者は、この動きを見極めながら、事業資金を効率的に活用します。

ところで、この事業資金の活用については、経営者の事業資金に対するメンタル部分の向き合い方が大きく関わっているのをご存知でしょうか。

●売上げ（収入）を増やすのはよいこと、というイメージを持とう

事業資金は、会社の血液に例えて先に説明しました。血液は心臓から全身に行き渡り、そして、また心臓を循環していきます。血流が止まらないようするのはもちろんですが、流れる血液の量を増やすことができれば、より血管も太く強くなっていきます。この血液の量を増やすのが、売上げ（収入）を増やすということです。

事業業績が拡大している会社、又は、業績を上げなければならない会社であれば、力の限り売上げを増やしていって成長を目指しますが、そうでない会社も一方ではあります。現在の顧客を最優先に大切にして、今の商品やサービスの質を安定させるために、あえて売上げ（収入）を増やさないという会社もあります。顧客のニーズや信頼に応えるために、会社独自のスタンスを持っているのです。

実は、その他に、売上げは増やしたいけれど、売上げを増やすのをためらう会社があります。売上げ（収入）を増やさなければならない会社であれば、増やせばよいのですが、そのような会社の場合には、あと一歩を踏み出せないのです。この踏み出せない理由として考えられるのが、経営者の「メンタルブロック」です。このメンタルブロックは、「心のブレーキ」と考えてもらえれば結構です。今の売上げは、今の会社にとって最適な額で、身の丈に合っていて、これ以上増やすのは、コストがかかったり、リスクも増えたりするという考えがあります。

しかし、事業を成長させるために、売上げ（収入）を増やすのは必須です。そして、今以上のスケールになるわけなので、多少のリスクは発生し、そのリスクを取らなければなりません。今と違うステージを目指すのであれば、経営者、そして、会社は変わらなければなりません。しかも、現代は、商品やサービスの更新サイクルも早くなり、今日と同じ売上げ（収入）を一年先も保証してくれるわけではありません。

軸として変えてはいけない部分を持ちながら、変えていくべきところは潔く、速やかに変えて実行していくことが大切です。それには、経営者のメンタルブロックを外し、そして、意識を変革していくことが大切です。

●原価や経費（支出）を増やすのが、事業活動には必要な局面がある

利益を確保し、事業資金を増やすのは、売上げ（収入）を増やし、原価・経費（支出）を減らすことです。そして、別の話として、売上げ（収入）を増やすには、あえて支出を増やさなければならない時があります。それが事業への投資です。

投資といっても、高額な設備を導入するということだけではありません。今の人員数では、顧客のニーズに応えられないため、増員をすることで、今までは機会損失となっていたことを解決できます。

このように、人員がいれば獲得できたであろう売上げを獲得できずに失っていた場合には、

増員することで、この「取りこぼしていた売上げ」を獲得できることにもつながります。増員して売上げを獲得すれば、顧客も成長を続けている会社への発注を増やし、更なる顧客を紹介してくれるかもしれません。

しかし、増員をするということは、採用や給料等の追加の人件費が発生します。つまり、支出が追加で発生し、事業資金がその分減ってしまいます。このことについて、経営者が、

「増員すると支出が増えてしまうし、しかも、増員しても本当に売上げが増えるんだろうか」と考えてしまったら、どうなるでしょうか。

売上げの規模も現状維持にとどまり、しかも、競合他社に既存の顧客が流れていく可能性もあります。

すると、今働いてくれている従業員が疲弊し

て、退職するリスクも出てしまうかもしれません。したがって、このような状態から抜け出すために、メンタルブロックを外して、経営者として取らなければならないリスクを取って増員をして、足りない事業資金があれば、金融機関から融資を受ける等をして、増収増益につながる流れを作るのです。

●事業資金が溜まっていくイメージを明確に持とう

収入が増え、支出が増えていくと、事業資金の増減があり、その増減スピードが速くなる時があります。投資という形で支出を増やしていって、その成果が支出増を上回る収入増につながっているのであれば、結果的には、事業資金が残り、そして増えていきます。しかも、場合によっては、口座の残高が一桁増えるかもしれません。

この時にこの数字を見て喜び、さらに頑張る経営者もいますが、一方で、「こんなに増えて大丈夫だろうか」と思う経営者もいます。業績向上に邁進して増収増益をした結果となったとしても、なかなかこのような金額を確保できた会社・自分を素直に受け入れられないこともあります。

今の増収増益が達成できているのは、ほんの少しの間であって、今後も続くことはないと思うかもしれません。もちろん、今日の売上げを明日も保証してくれません。

今日の売上げに安泰している暇はなく、これからの売上獲得に邁進する必要はありますが、今の増収増益が達成して事業資金を増やすことができたのは素直に受け入れるのです。

そして、経営者だけでなく、従業員にもそのことを受け入れてもらって全員が自信を持つのです。実績が上がり、自信を持つと、それが行動に現れます。

節度は大事ですが、自信を持って事業をしていると、それは、顧客にとってよいイメージで捉えられます。そのため、経営者自身のメンタルブロックも取り除きながら、従業員のメンタルブロックも取り除き、よい意味で自信を持って事業に取り組みましょう。

そして、会社の事業の成長スピードを加速させましょう。

事業資金が余裕を生み、チャンスを掴み取る可能性を高める

●事業資金の心配がないと事業に集中できる

経営者の全員が、目の前の課題に完璧に全て対応できるものではありません。目の前の課題

に優先順位を付けて、今やるべきことを一つ一つクリアしていきます。これは、やるべきことを絞って集中するからこそできるのです。

そのような中で、経営上の重要課題である事業資金の心配事があると、そのことが頭の中を占めるようになります。そして、事業資金のことが気になってしまい、売上獲得に集中しようと思っても100％集中できないので、思うように成果が出せないことがあるかもしれません。すると、心に余裕が生まれるはずもなく、イライラが募ったり、焦りが出たり、思考や行動に余裕がなくなる場合があります。

そのような状態であれば、周囲にもそれが伝わり、悪影響になります。得意先の立場で考えると、心配事を抱えていいたり、常に何かに不安を感じていたり、自信のない経営者と接したとしたら、その会社と取引きしたいと思うでしょうか。もちろん、思うことはありません。

仕事は、事業の成長が見込まれて、かつ、気持ちがよく、心の通じ合う人・会社と取引きするのが一番だからです。事業の成長のために取引きをするのですから、その成長が見込めない可能性のある会社とは取引きしないはずです。すると、この悪い流れがますます周囲に広がっていき、悪循環を生み出します。

物事の流れを作り出すのは相手の場合もありますが、自分自身が作り出しているのが大半です。つまり、うまくいかないことの理由は自分自身にあるのです。

そのため、この流れを断ち切るには、経営者自身、そして、会社の経営状況を変えなければなりません。そのためには、その元である事業資金の心配を取り除くのが一番です。

事業資金の心配があると、いつも頭の中の中心や片隅にその心配事が占めていて、なかなかその悩みが解消しませんが、解消すると、頭の中の悩みのスペースが空き、心身ともにスッキリし、思考のスペースにも空きが出き、その空いたスペースを他のことに活用できるようになります。

●思考のスペースができると、視野が広がる

目の前のことや自分が気にかけていることにしか行き届かずに視野が狭くなっていると、余裕がない行動になります。しかし、思考のスペースを作り出すことができると、視野が広がります。視野が広がるということは、自分にとって、自社にとって足りない点や改善すべき点にも気付くことができます。

足りない点を補い、改善すべき点を改善すれば、事業にとってプラスとなり、商品やサービスの質は向上し、競合他社よりも優位性を出し、そして、自社ブランドの価値を向上させることにもつながります。そして、その先には、売上確保・増収増益につながり、事業資金が増えていく可能性があります。

もちろん、１００％保証はできませんが、その可能性が高くなります。そのためには、視野

を広く持つことができる環境を創り出すのが一番です。目の前の課題に取り組むのは大事ですが、そのことに集中せずに、今、そして、将来の自社を取り巻く状況に目を向けることができるようにするのです。

それには、事業資金に心配がない状態を保つのが大切であり、その心配のない状態を保つことができれば好循環を生み出し、視野が広がります。

●好循環が生まれれば、周囲との良好な関係が築ける

人やモノ・情報は、「ツイている」人や会社に集まってきます。明るく元気で、活気のあるところには、人やモノ・情報が集まります。好循環を生み出せている場所には、その好循環に巻き込まれたいと思って、人やモノ・情報が集まってくるのです。

そして、その中から、経営者・会社にとって必要なものをチョイスすればよいのです。そのチョイスできる立場になれれば、相手と対等もしくは優位な立場でコミュニケーションを取ることができ、そこから更なる好循環を得ることもできます。加えて、その好循環の中から、さらなる上のステージに登るためのチャンスを見つけて、それを掴むのです。

実際にそのような会社を見ることがありますが、その会社では、絶えず何かが循環しているのが分かります。そして、その好循環の成果は、経営上の数値にも反映されています。

さらに、そのような会社ならではの特長があります。それは、色々なことが集まってきますが、

集まってくるだけでなく、提供しているのが分かります。そして、その関係が築けると、お互いの会社で新規の取引きが開始し、さらに拡大されます。

事業は、お互いにメリットがなければ、成立しません。また、お互いにメリットを感じるには、実際に取引きをする前のコミュニケーションで分かります。自社が求めていることを提供してくれるのか、または、自社が求めていることを超えて提供してくれるのかを相手の会社は見ています。

自分達だけがメリットだけを求めていると、それが相手に伝わります。相手も「Give」したいと思いますが、一方的な「Give」だけでは、相手も困ります。ましてや、事業として行なっているのであれば、お互いにメリットがなければ、取引きとして成立することはありません。そのため、色々なことが集まってくるということは、何かを提供しているからこそなのです。

一方的に「Give」を受け取るのではなく、「Give」を提供する関係を築くというのも、好循環を生み出し続ける秘訣でもあります。「Give&Give」「Win- Win」の良好な関係を築きましょう。

●目の前のチャンスに気付ける自分でいよう

余裕がなく、視野が狭いと、目の前にあるチャンスに気付くことができません。そのチャンスに気付いた会社が成功の確率を高めることができるのです。そして、チャンスに気付ける会社であれば、その他のチャンスにも気付ける可能性が高いです。

チャンスは何度も目の前に現れてはくれず、また、目の前に現れたとしても、すぐに姿を消してしまいます。そのため、目の前にあるチャンスに気付くことができ、そのチャンスを掴み取ることが大切です。

このように、目の前にあるチャンスに気付くには、余裕があり、視野を広く持つようにする必要がありますので、日頃から、チャンスと気付けるように、事業資金の心配をなくし、余裕を持ち、視野を広くしている経営者でいましょう。

事業資金の流れを知り、資金計画を立てやすくしよう

●入金日は早く、出金日は遅く設定するのが原則

事業資金は、入ってくる場合と、出ていく場合があります。そして、入金と出金の流れに仕組みを入れることで、事業資金の効率的な活用ができます。例えば、これから始める取引きで、毎月11万円の入金と毎月3万3000円の出金が発生し、その入出金日を決めるのであれ

ば、入金日の後に出金日を設定するのです。
入金日：毎月末日締め翌月15日入金
出金日：毎月末日締め翌月25日支払い
というようにすれば、11万の入金額を3万3000円の支払いに充てられます。

これが、もし、入金日と出金日の設定を逆にしていたらどうなるのでしょうか。
入金日：毎月末日締め翌月25日入金
出金日：毎月末日締め翌月15日支払い
この場合、最初に3万3000円の支払日が、入金日の前に到来します。そのため、この3万3000円の支払いに充てるための事業資金を工面しなければなりません。
つまり、支払いをするには、その支払いの原資となる事業資金が必要なため、できる限り、入金日の方を出金日より早く設定するのです。こうすることで、入金と出金に流れを作ることができます。
特に、会社を設立した場合や店舗を開業した場合には、こうした「入金サイト」や「支払いサイト」を間違いのないように設定しなければなりません。サイトの設定にあたり、取引先と交渉することになりますが、できる限りお互いの負担にならないように、入金は早く、出金は遅くするのがよいです。

基本的なことではありますが、事業資金が流れる仕組みを作っておけば、安定して事業資金を循環させることができます。

● **事業資金の流れを元に、今後の事業計画をより具体的に！**

日々の事業資金の流れが分かってくると、その次の段階として、今後の事業計画をより具体的にというのがあります。例えば、今後一年間の事業資金の流れが実績としてできると、その数値をそのまま来年度計画に活用したいと考える場合があります。

その場合に、

「今年の夏頃の数値は、来店客数が減少し、想定以上の赤字になったので、来年の夏は仕入れを減らして在庫を持たないようにして、事業資金を使わずに過ごそう」

といったことや、

「今年の年末は仕入れを抑えすぎて、また人員補充をしなかったため、年末商戦では商品供給が間に合わず、早々に売り切れになってしまって機会損失が多く出たので、来年は一ヶ月前くらいから仕入れを増やして、アルバイトを採用して、前年比130％売上げを目指そう」

というように考えられます。

●事業資金計画を立てながら、経営者・従業員が幸せになれる仕組みを！

会社が事業活動を継続して行うことができているのは、経営者はもちろんですが、何より従業員の方が頑張ってくれているからこそです。一方、少子高齢化と言われ、これからの会社の貴重な戦力を確保するのは本当に厳しいです。1人採用できれば、毎年の粗利を数百万円増やすことができて、その増員分の採用・人件費を十分にまかなえる業態もあります。

そのような状況の中では、今、自社で働いてくれる従業員の方には、感謝をしなければなりません。そして、その感謝の表現として、よりよい職場環境の創出が最初に挙げられます。作業効率を改善するために、職場のレイアウトを変えたり、作業スペックの高いパソコンやアプリケーションを導入して、従業員の方が長時間作業しているテーブルや机・椅子などを使いやすいものに新調するなどして、よりよい職場環境を整えましょう。

また、在宅勤務等の従業員に対しても、在宅勤務が負担とならないように、より配慮をしましょう。過度な配慮をした職場環境は控えなければなりませんが、働きやすい職場環境は、従業員の方の長期的な雇用につながります。

人財が不足している場合は、業務の依頼はあっても、人手がないために機会損失が発生し、採用にかかる時間やコストを考えたら、よりよい職場環境を整えることは自然の流れです。

そして大切なことが、昇給時の給与条件の規程整備です。従業員の方は、働きたい会社で自己実現を目指すために働くだけでなく、日々生活をしていくための給料（報酬）を得るために働いています。より高い生産性を追求していけば、1人あたりの商品・サービス供給コストは下がり、その分利益を増やすことができます。

販売価格を維持し、上げる努力は引き続きしなければなりませんが、1人あたりの業務コストが下がってその分増益となった場合には、増えた事業資金を今後のために留保・投資することを考えた時に、「人財への投資」という意味で給与条件の見直しを合わせて検討してみるのもよいと思います。

また、給料の場合には、単純に毎年のベースアップとしてだけでとらえるのではなく、年棒制を導入しながら、一人一人のパフォーマンスに見合った給料を支給し、決算賞与の形で業績に応じて支給する方法を採用している会社も増えてきています。もちろん、会社の財務体力や将来の事業資金計画を考えなければならないので、簡単なことではありませんが、従業員の生活の安定・向上が会社と従業員の Win- Win な関係を築くことにつながります。

● 高齢化等の社会情勢や金利変動の経済情勢も念頭に入れよう

事業環境は、今までとは信じられないスピードで早く変わります。その中で、変わらないものの一つが、「高齢化社会」です。高齢化社会であれば、人生の大先輩の方々のアドバイスを頂きながら、会社の成長・発展を目指しますが、高齢化社会では、医療コストや保険コスト、生活インフラの改善などで必要なコストが日本全体で増えています。

このコストの財源確保のためには、消費税増税や社会保険料の増加といった形で、会社の経営数値上に表れてきます。このコストも必要なものとして、社会情勢を踏まえながら、想定される費用や税負担増も計画に織り込みましょう。

また、低金利の情勢が続いていますが、この政策がどれだけ続くのかは、不透明です。融資を受ける場合には、金利が低いに越したことはありませんが、低金利下であれば、金融機関の減益要因にもなりますので、別の形で会社側の金融コストが増加するのかも注視すべきです。

このように、将来の社会・経済情勢も見据えて、将来の資金計画を立て、未来永劫存続する会社の財務体質にしましょう。

事業資金の活かし方を知って、豊かさを実感しよう！

● 事業資金の活かし方が経営判断を左右する！

事業資金を上手に活用している会社は、資金繰りのストレスから解放されています。資金繰りのストレスを完全にゼロにすることはできませんが、少しでも軽減させることで、会社・経営者・従業員に余裕が生まれます。資金繰りが厳しい時は、支払先へ支払条件変更の交渉をしたり、経営者が足りない事業資金を立て替えたり、苦境を乗り越えるために対策をしますが、心身ともにストレスが増えます。

厳しい条件下でも明るく活気のある会社はありますが、ストレスが少しで済めば、リラックスして余裕を持って本業に打ち込めるので、自然と明るく活気のある雰囲気が出てきます。それには、事業資金の活かし方を知ることが大切です。変化の著しい現代では、自社が参入している市場の環境が急変することがあります。その中で、事業の継続をするのか、あるいは、撤退するのかを見極めなければならない時があります。その見極めの判断材料として、事業資金計画があります。

今のままで大丈夫でも、今後の資金繰りを考えると、財務上の体力から持ち堪えられないのであれば、場合によっては、撤退の意思決定を下さなければなりません。

「勇気ある撤退」の判断材料として、この事業資金計画を使うこともあれば、「勇気ある参入」として、事業資金計画を活用することもあります。このような重要な経営判断を下すには、事業資金の活かし方というものを知っていなければなりません。

●事業資金の活かし方を知れば、豊かさを共有できる

事業資金の活かし方を知って、経済的な豊かさを実感することができれば、その豊かさを実現する仕組みが分かります。すると、事業資金が更なる事業資金を生み出すことも実感できます。そして、今後はその活かし方を周囲の関係者に伝えていきましょう。

会社の秘匿性の高い内容を伝えてはいけませんが、事業資金を活用し、豊かになる仕組みを共有することで、取引先の会社が自分達に合った仕組みを構築して、豊かになれば、今後もその取引先と安定した取引きをすることができます。

そして、その取引先の会社も好意を持って接してくれるため、従来以上の高条件での取引きにつながるかもしれません。自社だけでなく、周囲の関係者も巻き込んで豊かになれたら、こんなに嬉しいことはありません。

●現代は、有意義な情報を「シェア」する時代

ここ数年前より、SNS（ソーシャル・ネットワーキング・サービス）が広まり、人と人とのつながりがwebを通してしやすくなり、また、お互いの知っていることを共有する、いわゆる、「シェア」するようになってきています。

また、今までは競合していた大手メーカー同士が協力して、より先端技術の開発をしたり、大手金融機関双方でATMを共通化したりといった、お互いのメリットの共有であったり、

業界の発展のために、互いに手を取り合い、共有できるノウハウを「シェア」しています。この「シェア」の流れはおそらく当分続きますが、それは、自社についても置き換えることができます。

本業についてはもちろんですが、事業資金の効率的な活用にあたり、「シェア」することで、更なるよい活用方法を「シェア」してもらえ、お互いの入出金決済の負担をより軽減する方法も出てくるかもしれません。

「シェア」をキーワードに事業資金の効率的な活用を検討してみるのもよいと思います。

●常に最新情報を入手しながら、今以上の成長を目指そう

最近でも、事業資金を取り巻く環境が変化してきています。例えば、日本政府が推進している、「キャッシュレス決済」です。消費税のポイント還元でもメディアに取り上げられていましたが、キャッシュレス決済が日本の社会経済の利便性を高めるツールの一つになってきています。キャッシュレス決済が進めば、支払いの手間が抑えられ、決済情報もデータとして抽出して共有しやすくなります。情報漏洩には気を付けなければなりませんが、この決済データを使えば、経理担当者の業務が軽減され、そして、事業資金をより効率的に活用できます。

その他にも、自社を取り巻く環境変化は続いています。質のよい情報を入手して、自社にとってプラスとなるものは採り入れて、事業の成長スピードを加速させましょう。

●多くの会社が豊かになりますように

事業を成長させるには、事業資金を効率的に活用することを何回かお伝えしていますが、もちろん、その前に取り組まなければならないことがたくさんあります。
「顧客が求めている商品やサービスを顧客の期待を超えて提供する」「自社が取り扱っている商品やサービスが、競合他社と比較して強みがある」といったことは一例ですが、マーケティングや商品開発・生産、営業などを一つ一つ取り組むことも大切です。

一方で、「先立つものは事業資金」という考えもあります。事業資金があるからこそ、事業を継続でき、会社が誇る商品やサービスを世に送り出すことができるのです。

そして、その成果が会社・経営者・従業員・家族にとっての「豊かさ」になるのです。豊かさは、共有したい相手と共有することにより、その豊かさが大きく実感できます。

また、豊かさといっても、経済的な豊かさだけでなく、心の豊かさ、健康面での豊かさといった、多くの豊かさがあります。

その豊かさを、仕事をしている間も実感できれば、素晴らしいです。仕事をしている間は真剣勝負といった面もありますが、楽しく、有意義に仕事ができるからこそ、人生の豊かさを実感できます。

また、豊かさは、人から与えられるだけでなく、自ら掴み取ることも大切です。事業資金の活用についてだけでなく、その他のことでも豊かさにつながることはたくさんありますので、是非たくさんの豊かさを掴み取って共有してください。

そして、繰り返しの話になりますが、事業資金の活かし方を知ると、ストレスが軽減され、事業も安定して、好循環を生みます。そして、その好循環が更なる好循環を生んで、事業の成長・発展につながります。

簡単なことではありませんが、できることから進めて、好循環を少しでも実感して頂きたいと思います。

多くの会社が豊かさを実感できますように。

事業資金の「チカラ」

●会社の夢や情熱を支えるのが事業資金

最初に会社を起業・開業する時には、その事業にかける夢や情熱があります。

「この素晴らしい商品やサービスを世に広めて、多くの方に喜んでもらいたい」

「経営者として成功したい」

「従業員とその家族に幸せになってもらいたい」

各々の想いを乗せて、事業がスタートします。

すると、多くの壁が立ちはだかります。競合がいる市場への参入費用・新規事業の開発コスト、従業員の採用・人件費、税金の支払いなど。事業を前進させるには、様々なコストがかかります。そして、そのコストは必要なコストなので、そのコストを負担することができないということは、事業を停滞させることにつながります。

事業が停滞するということは、その間に競合他社に顧客を奪われ、時の経過に応じて市場も変化し、コストが負担できる頃には、既に自社が参入する余地が限られている、又は、残っていないかもしれません。

経営者・従業員・関係者が想いを込めた商品やサービスでお客様の喜びを実感することができなくなるのは切ないです。そのようなことがないように、この商品やサービスにかけた夢や情熱を支えてくれるものの一つが事業資金です。

「夢や情熱はお金では買えない」

と言いますが、買うことはできなくても、夢や情熱を支えることはできます。そして、この事業資金を適切な量で、適切なタイミングで循環させることで、事業が軌道に乗り、前進します。

●好循環を継続させるのも事業資金

事業が前進するには、絶え間のない事業資金の循環が必要です。商品やサービスが市場で評価され、参入できるのかをリサーチするためのマーケティングコスト、商品やサービスを開発・試作・生産・量産する上でのコスト、商品やサービスをお客様に販売するための営業コスト、従業員の給料・家賃の支払い、事業の維持・管理に関するコストなどの様々なコストが色々な局面において発生します。

また、このコストは、今、目に見えるコストだけでなく、将来発生する潜在コストもあり、各々を事業資金計画に織り込まなければなりません。一方、コストである支出だけでなく、売上げである収入面も考えなければなりません。商品やサービスの販売価格をいくらにするのか。販売数量はどれくらいなのか。季節性のある商品やサービスであれば、商品やサービスの入れ替えサイクルをどのようにすればよいのか。事業として成長する目標売上を設定して、その収入額も事業資金計画に織り込みます。

そして、事業資金として足りない場合、または、将来の投資や内部留保を厚くするために、金融機関から融資を受けたり、追加出資をして、余裕のある仕組みを作ります。すると、いつしか、会社が成長してきているのを実感します。先述の血液に例えれば、体が大きくなって、その分心臓が大きく、血管が太くなってきています。その体に見合った血液の量が全身を流れるわけですから、以前よりは、事業の規模が変わってきているのが分かるはずです。

また、売れる商品やサービスであれば、事業資金が循環する仕組みを作っておけば、その流れの中で売上げを獲得し、より事業が成長する可能性が高まります。

そして、この仕組みの中で事業資金が増加していけば、更なる成長・発展のために、投資をすることができます。この好循環を生み出し、それを継続することができる支えの一つが事業資金です。

●事業資金の役割を知ることが大切

事業資金は現在手元にある額に、将来の入金額を加え、将来の出金額を差し引くことで、将来手元に残る事業資金が求められます。ここで大切なのが、将来どれだけの事業資金が必要なのか、事業資金を集めるにはどのような方法があるのか、事業資金はどのように使ったらよいのかというのを把握することです。

そして、事業資金の役割を知れば、必要額・集め方・使い方の把握ができるようになります。この役割が分かれば、何をどのようにすればよいのかが対策できるので、事業資金の好循環を生み出し、事業の成長・発展につながります。

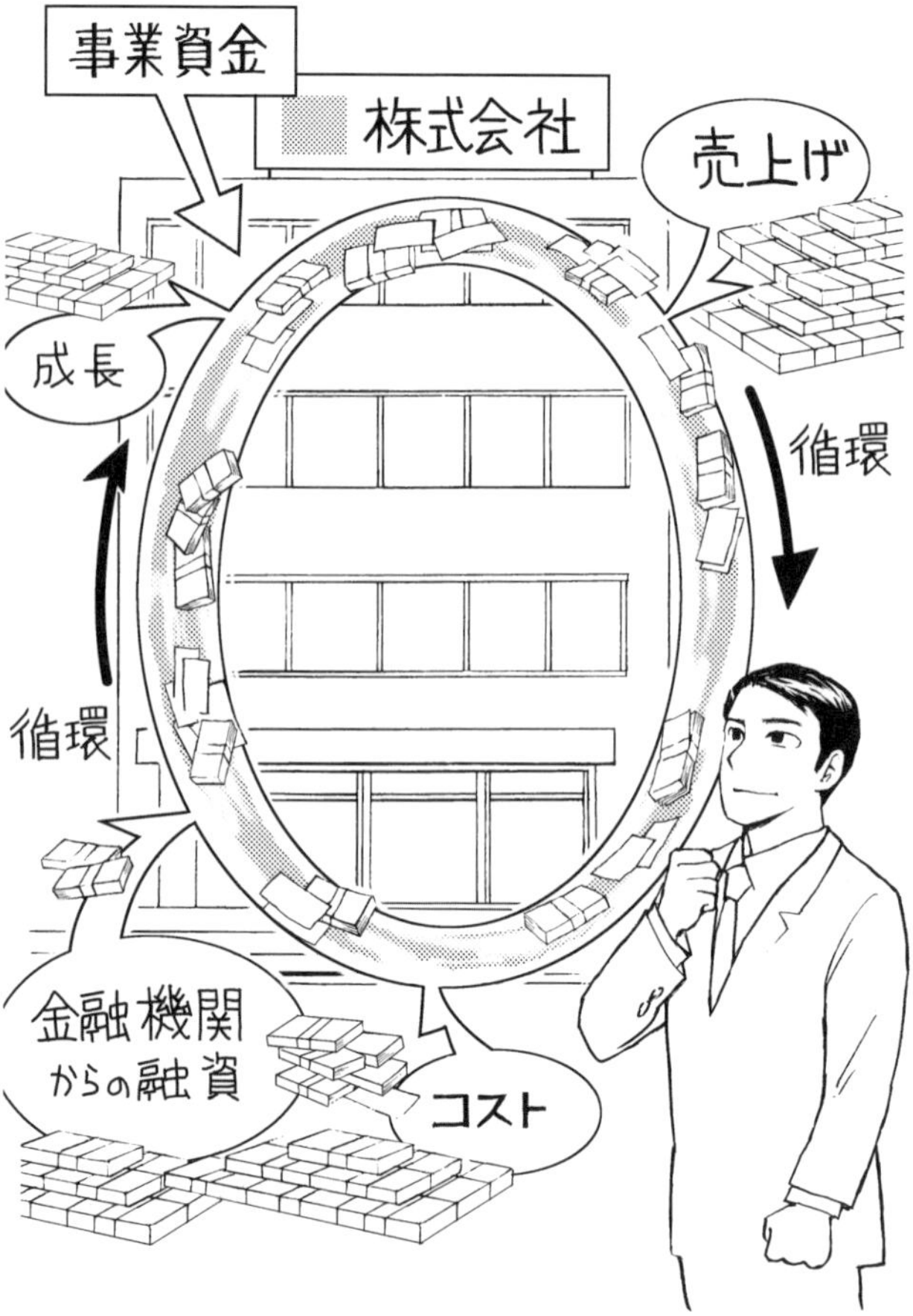
事業資金
株式会社
売上げ
循環
コスト
金融機関
からの融資
循環
成長

●事業資金のチカラが豊かさを与えてくれる

事業資金は会社の事業活動の様々な局面を支えてくれます。創業時から始まり、事務所や店舗を開設する時、従業員を採用する時、材料を仕入れる時、お客様に商品やサービスを販売する時といった局面や、会社を取り巻く環境が変わりそうなので、金融機関から早めに融資を受けたい時といった局面、来店客数が増えて従業員を増員しなければならない時、二号店の店舗を出店する時といった局面などです。

事業資金は、いつも会社に関わっています。そのため、経営者は、事業資金について知り、効率的に活用しなければなりません。そして、その先に会社の成長があります。

また、よい事業資金の流れであれば、集まってくる事業資金が増える可能性が高まり、取引先との関係も円滑に進みます。そして、好循環が更なる好循環を呼び、経営も安定します。

経営が安定してくると、経営者や従業員が豊かさを実感できるようになります。

豊かさが実感できる会社であれば、その豊かさを周囲とシェアすることで、豊かさがより大きくなってきます。すると、豊かさの輪が広がり、経営者・従業員・その家族・取引先と豊かさを共有できます。大げさなように聞こえるかもしれませんが、このような豊かさを与えてくれることこそ、「事業資金のチカラ」なのです。

事業資金自体には、人格もなく、感情もありません。

事業資金自体からメッセージが発せられることはなく、何もしなければ、事業資金も動かず、そこからは何も生まれることはありません。

しかし､その事業資金に想いを乗せ､「正しい」活用をしていけば､その事業資金は会社を支え､前進させてくれます。

ところで、会社は、多くの「チカラ」によって支えられています。経営者や従業員とその家族はもちろん、お客様・取引先や関係者、そして社会などです。

そのチカラに感謝し、そのチカラを活用することで、会社の夢や目標を実現し、そのチカラに対して恩返しをして、より大きなチカラを頂いて前進を続けるのです。

そして、事業資金もそのチカラの一つです。事業資金のチカラは、その活用の仕方が分かれば分かるほど、そのチカラを発揮します。この「事業資金のチカラ」と共に、更なる成長・発展を遂げて、豊かさを手に入れましょう。

あとがき

このような経験はないでしょうか。

とある月末の日に、支払期限が本日までの相手先への振込みのために金融機関のＡＴＭに並んでいました。

その日が月末ということもあり、ＡＴＭの前には、長蛇の列ができていて、10分くらいは待たなければなりません。当日までに相手先口座に着金（入金）するには、あと20分以内にＡＴＭで振込手続きをする必要がありますが、なんとか時間には間に合いそうです。

ホッとして、ＡＴＭの操作の順番がきて、相手先の振込先口座情報を入力し、振込金額まで入力してから振込手続きをしたところ、なんと口座残高が不足して、振込みできない旨のメッセージが画面で表示されてしまいました。

そんなはずはない。振込資金は前日に間違いなく入金させておいたので、何かの間違いだ。

そう思って、振込操作をいったん中止して、預金通帳の記帳をしてみると、本日に社会保険料の自動引落しと税金の振替納税がされていて、確かに振込金額より預金口座の残高が少ないのがハッキリと分かりました。

手持ちの財布の中には、あまりお金が入っておらず、他の金融機関にすぐに行って振込手続きをしても、本日付けの振込には間に合わない。もし、自分にこの事実が降りかかった時はどうなるでしょうか。

これは、分かり易い例として説明しましたが、事業資金は、支払うべき時に支払われなければならないのです。リカバリーできるのであればまだよいですが、もし、リカバリーできなければ、経営者の頭の中の心配事が増えることになります。

会社は、事業を維持・継続するのはもちろんですが、それ以上に、成長・発展を目指す必要があります。

今年の売上げが来年も同じように確保できる保証はないため、事業資金を今までと同じ量で確保するのではなく、今まで以上の量で確保しなければなりません。そして、事業へ再投資する必要があります。

それには、事業資金とはどのようなものなのかを知る必要があります。手元にどれだけの事業資金があり、さらに事業資金を集めるにはどのようにしたらよいのか、そして、その集めた事業資金をどのように使うのが、事業戦略上適しているのか。

大袈裟に聞こえるかもしれませんが、事業資金の取り扱い方を知っておくのと知らないのとでは、雲泥の差があるのです

事業資金の集め方・使い方・貯め方を知っておくと、事業の成長スピードが加速します

日々の資金繰りに頭を悩ませていると、どうしても足取りが重くなり、本業の方に集中できません。これに対して、資金繰りの悩みから解放されたとしたらどうでしょうか。頭の中もスッキリして、活気あふれた雰囲気で足取りも軽やかに本業に取り組むことができます。オーバーに聞こえるかもしれませんが、それくらい資金繰りは、最優先の経営課題の一つなのです。

私も会社の経営者と税理士事務所の経営者としての立場がありますので、資金繰りの大切さは分かっています。もし、資金繰りがうまくいかず、事業が継続できない状態になってしまったら、周囲の関係者に迷惑をかけてしまうことになります。そのため、事業資金に関する心配を取り除かなければなりません。

事業資金があるからこそ、日々の仕入れができ、従業員と一緒に仕事ができるのです。そして、売上げを確保して事業を継続させることができるのです。

昔から言われていることですが、「金は天下の回りもの」です。事業資金が自社だけでなく、取引先や関係者の間で循環することで、より多くの金額が売上金額として回収されるのです。

事業資金の活かし方を知って、豊かさを実感しましょう。

事業資金を有意義に活用していると感じる豊かさには、大きく二つあります。

・一つ目が、経済的な豊かさです。

事業資金が循環してくると、事業資金が積み上がっていきます。事業として先立つものは事業資金です。

事業資金が手元にあり、そして、それが増えていくのを実感すると、経営者や従業員には自信が付いてきます。自分達が頑張っている実績が数字となって表れてくるので、これからの仕事にも大きな励みになり、さらに事業が成長する可能性も高まります。このように、事業資金が増えていくことで、経済的な豊かさを実感できます。

・二つ目が、心の豊かさです。

事業資金が循環しないと、経営者や従業員の悩みがつきません。

しかし、事業資金が循環してくれれば、そのような悩みが大幅に軽減されます。

精神的なストレスが軽減されれば、本業に集中でき、事業の素晴らしさや楽しさを味わうことでき、心の豊かさを実感できます。心の豊かさを実感しながら仕事ができるのは、本当に素晴らしいことです。

豊かさを実感できるのは、「事業資金のチカラ」があるからです

当たり前ですが、事業資金自体は人格や意識がなく、そこからメッセージが発せられることはありません。何もしなければ、事業資金も動かず、そこからは何も生まれません。

しかし、その事業資金に想いを乗せ、「正しい」活用をしていけば、その事業資金は会社を支え、前進させてくれます。そして、その前進することができるエネルギーの源が「事業資金のチカラ」なのです。

また、そのチカラを大きく引き出すことができれば、前進スピードも上がります。このように、「事業資金のチカラ」を引き出しながら、更なる成長・発展を遂げて、豊かさを手に入れましょう。

最後に

メディアへの経理や税金に関する執筆寄稿は何回もしていますが、こうして一冊の本にして執筆するのは初めてです。ここ数年は、会社を取り巻く事業環境は想像を超えるスピードで変化し、新たな商品やサービスが続々と生まれています。

そのような現代では、スピード感を持って事業をしなければなりませんが、その事業を進める牽引役の一つが事業資金ですので、本書で事業資金の活かし方を知って頂いて、今以上に事業の成長スピードを加速させて頂ければ幸いです。

今回出版をさせて頂くことができたのは、クライアントはもちろんですが、今までの勤務先でお世話になった方々、現在共に力を合わせて働いてくれているスタッフとの関わりの中で培った経験や実績があったことによるものであり、心より感謝申し上げます。

また、こうして執筆することができたのは、私を愛情を持って支えてくれている実家の親類・家族そして、友人・知人がいたからこそです。本当にありがとうございます。

そして、今回執筆のご縁を頂いたＪディスカヴァー代表の城村典子氏、出版をして頂いたみらいパブリッシング代表の松崎義行氏、そして、執筆にあたりご指導を頂いた編集者の道倉重寿氏、並びに編集出版ご関係者の皆様にも心より感謝申し上げます。

佐藤充宏

佐藤充宏（さとう　みつひろ）

日本大学法学部卒業。大手グローバルメーカー税務部門・会計事務所・事業会社にて税務・経理に携わる。税務や経理の面から会社の成長・発展をサポートしたいとの想いから独立。

現在は、佐藤経営税務会計事務所代表及びMIRAIファイナンシャルサービス株式会社代表取締役として業務に従事。

『中小企業様・ひとり会社様応援団』として、クライアントの税務会計顧問、アドバイザリー業務を行ない、セミナー・講演・専門誌への執筆も行う。

また、クライアントの要望に応じて、事業資金の活用に関するコンサルティングも行う。

趣味：音楽鑑賞。好きなジャンルは、ブルースやロックなど。不定期でマラソン大会に出場。

ホームページ
佐藤経営税務会計事務所
https://www.satokeieitaxact.jp/
MIRAIファイナンシャルサービス株式会社
https://www.mirai-fs.co.jp/

ブログ
中小企業様・ひとり会社様応援団の税理士ブログ
https://sa10tax.com/

賢《かしこ》い事業資金《じぎょうしきん》の集《あつ》め方《かた》・使《つか》い方《かた》・貯《た》め方《かた》
経営《けいえい》を安定《あんてい》させ、成長《せいちょう》させるために！

2020年1月1日初版第1刷

著者　佐藤充宏《さとうみつひろ》
発行人　松崎義行
発行　みらいパブリッシング
〒166-0003 東京都杉並区高円寺南4-26-12 福丸ビル6階
TEL 03-5913-8611　FAX 03-5913-8011
企画協力　Jディスカヴァー
編集　道倉重寿
ブックデザイン　則武 弥（ペーパーバック）
本文イラスト　池田おさむ
発売　星雲社
〒112-0005 東京都文京区水道1-3-30
TEL 03-3868-3275　FAX 03-3868-6588
印刷・製本　株式会社上野印刷所
落丁・乱丁本は弊社に宛てにお送りください。送料弊社負担でお取り替えいたします。

ISBN978-4-434-26879-3 C0034